Elogios a *La divertida vida...*

«He disfrutado desde el primer trocito al último. Creo todo el que lo lea se va a reír perder los calcetines (que es lo que me pasó a mí). En especial me gustaron las instrucciones para implorar y hacer chantaje emocional. Espero que siga usted escribiendo libros».

Emma, 10 años

«Es estupendo. Muy muy divertido. ¿Va a haber otro? En el cole se lo he enseñado a Ned y a Thomas, y también quieren comprárselo».

Arlo, 11 años

«Maravillosamente maravilloso. Más emocionante y divertido que ningún otro libro que yo haya leído».

Ethan, 9 años

«Me encantó *La divertida vida de las mascotas*. Es superdíver».

Noah, 9 años

Para Daphne - James Campbell

Para mi sobrina y mi sobrino,
Olivia y Alfie x - Rob Jones

Título original: *The Funny Life of Pets*

1.ª edición: abril de 2019

© Del texto: James Campbell, 2018
© De las ilustraciones: Rob Jones, 2018
Publicado por primera vez en Reino Unido por Bloomsbury Publishing Plc, 2018
© De la traducción: Adolfo Muñoz García, 2019
© Grupo Anaya, S. A., 2019
Juan Ignacio Luca de Tena, 15. 28027 Madrid
www.anayainfantilyjuvenil.com
e-mail: anayainfantilyjuvenil@anaya.es

ISBN: 978-84-698-4872-2
Depósito legal: M-2250-2019
Impreso en España - Printed in Spain

PAPEL DE FIBRA
CERTIFICADO

Reservados todos los derechos. El contenido de esta obra está protegido por la Ley, que establece penas de prisión y/o multas, además de las correspondientes indemnizaciones por daños y perjuicios, para quienes reprodujeren, plagiaren, distribuyeren o comunicaren públicamente, en todo o en parte, una obra literaria, artística o científica, o su transformación, interpretación o ejecución artística fijada en cualquier tipo de soporte o comunicada a través de cualquier medio, sin la preceptiva autorización.

LA DIVERTIDA VIDA DE LAS MASCOTAS

Traducción de Adolfo Muñoz

JAMES CAMPBELL

ROB JONES

ANAYA

¡ALTO!

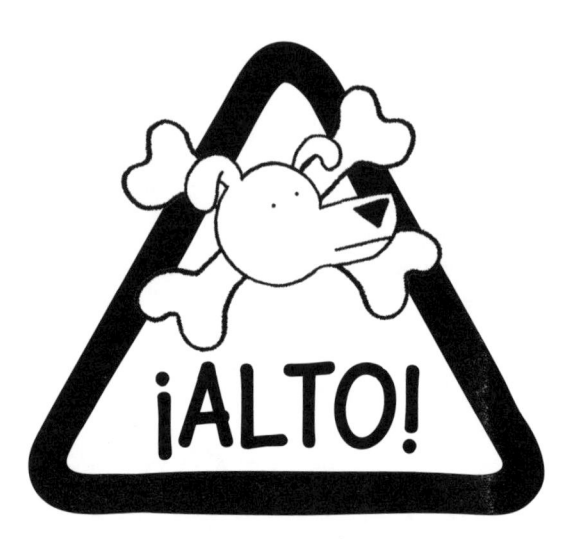

Lee esto antes de atreverte a seguir...

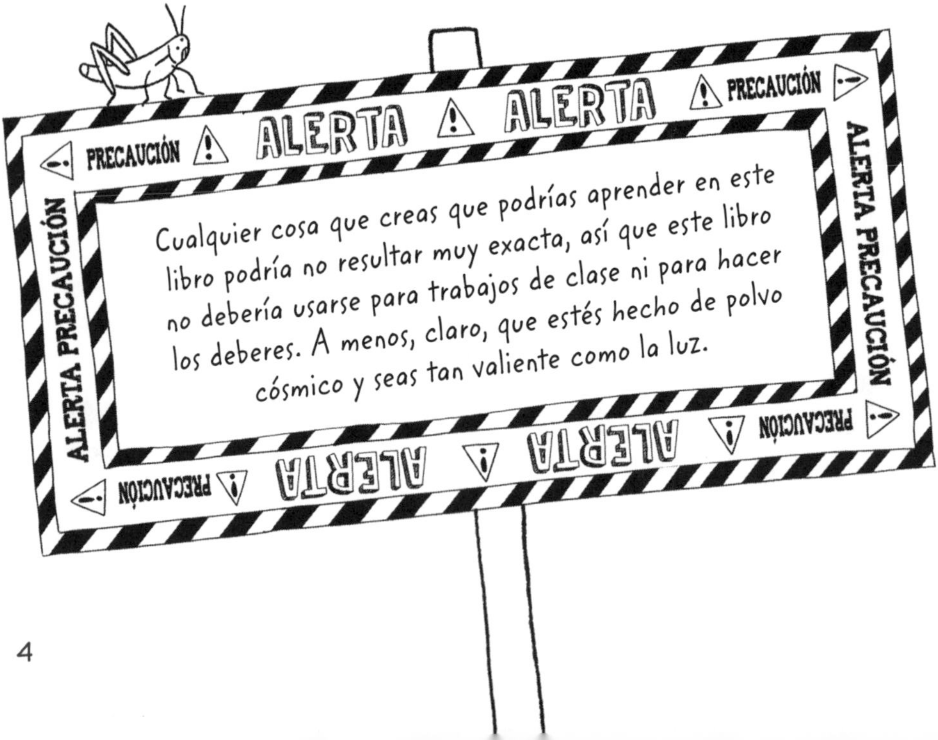
PRECAUCIÓN
ALERTA
ALERTA
PRECAUCIÓN
Cualquier cosa que creas que podrías aprender en este
libro podría no resultar muy exacta, así que este libro
no debería usarse para trabajos de clase ni para hacer
los deberes. A menos, claro, que estés hecho de polvo
cósmico y seas tan valiente como la luz.

QUÉ CLASE DE LIBRO ES ESTE

Este NO es un libro normal.
Ni muchísimo menos.

No es un libro sobre cosas reales. Aquí no vas a encontrar mucha información práctica. Si andas buscando información escolar, auténtica, sobre mascotas, entonces deja inmediatamente este libro donde estaba y **sal corriendo (y chillando).**

Si lo que buscas es información práctica, te podemos recomendar los libros siguientes:

Este libro es para cuatro tipos de personas

1. Personas que tienen un animal en casa y les gustaría saber **lo divertido** que es.

2. Personas que no tienen animales en casa, pero les gustaría tener uno, dos, tres o **más**.

3. Personas que tenían un animal en casa que **«ha pasado a mejor vida».** Este libro puede ayudarte a superarlo. O empeorar las cosas.

4. Personas que no tienen animales, ni han tenido, ni los quieren ni les importan un pepino pocho,
pero les gusta **reírse**
y **despiporrarse**
hasta que se les caiga la cabeza
y se conviertan en un burro.
¡Que también puede ser
un animal casero!

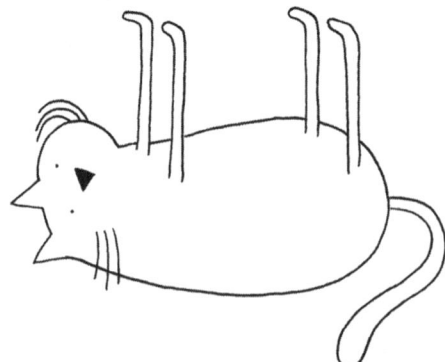

No leas este libro como si fuera un libro normal, empezando por la página 1 y leyendo después todas las páginas en el orden correcto.

¡ESO ES UN ROLLO!

Puedes leer este libro hacia delante, hacia atrás, de lado y de, aproximadamente, **861 000** maneras diferentes. En muchas páginas encontrarás **letreros** que te ofrecen distintas posibilidades. Para seguir un camino, simplemente vete hasta la página que te indica el letrero.

Algunas de las páginas tienen letreros que te indican dónde ir a continuación. Algunas páginas tienen letreros de retroceso, que te dicen cómo volver adonde estabas antes. A veces hay **más de un letrero** de retroceso porque hay más de una manera de llegar a la página en que estás. Cuando eso sucede, puedes **elegir**: regresar donde estabas antes o retroceder hasta otro punto en el que no hayas estado antes.

¿Tendrás que hacer eso muy a menudo?

Advertencia sobre hechos reales

De vez en cuando, este libro dirá alguna verdad.

> Los gatos tienen miedo de los pepinos. Mira en internet y verás que todos están de acuerdo.

Tienes que tener **mucho cuidado** con las verdades. Las verdades cambian con el tiempo. Dentro de veinte años, cuando les des este libro a tus hijos, la mitad de las verdades que aparecen en este libro ya serán **mentira**. Sin embargo, todas las cosas de mentira seguirán siendo ciertas a menos que la Luna **se aburra** y se vaya a otra parte.

Comienzo

¡Enhorabuena! Has llegado al comienzo del libro. Ahora tienes que **decidir** con qué capítulo quieres empezar. Recuerda: **¡no** hay un orden correcto ni incorrecto para leer este libro!

- Conseguir una mascota: página 11
- Alimentar a una mascota: página 22
- Cómo hacen sus necesidades: página 28
- Jugar con mascotas: página 36
- Problemas con mascotas: página 54
- Perros: página 69
- Gatos: página 118
- Hámsteres: página 138
- Conejillos de Indias: página 162
- Ponis: página 178
- Pececitos de colores: página 196
- Mascotas imaginarias: página 224
- ¡Adiós, mascota!: Página 230

¿Qué es una mascota?

Vamos a empezar por **lo fundamental**: ¿qué es una mascota? Bueno, me alegro de que me lo preguntes.

Las mascotas son **geniales**. Vienen en diferentes formas y tamaños. Algunas tienen **pelo**. Otras tienen **escamas**. Algunas son **tan pequeñas** que te las puedes poner en la mano. Otras son **el doble de grandes** que tú y, si se te sientan encima, hay peligro de que explotes.

Algunas mascotas son **útiles** y pueden ir a buscar cosas, ayudar a la gente ¡y hasta encontrar empleo! Otras mascotas se quedan todo el día sentadas sin hacer nada o, aún peor, metiéndose detrás del armario para dejar una caquita cuando no miras.

No he sido yo.

Conseguir una mascota

Ahora ya sabemos que las mascotas existen. No serviría de nada negarlo. Todos las hemos visto. Son **auténticas.**

Bueno, ¿cómo se consigue una mascota? ¿Nos quedamos esperando que **nos sonría la suerte** y que un día aparezca algún tipo de animal a los pies de la cama?

> Qué hacer si te encuentras una mascota a los pies de la cama: página 61

Podría suceder, pero lo más probable **es que no.** Así que ¿cómo hacemos para **conseguir** una? ¿Cómo convencerías a tus padres de que puedes tener una? ¿Cómo decides cuál es la mejor mascota para ti?

Chantaje emocional

¿Te estás volviendo loco para **persuadir** a tus padres de que te regalen la mascota que quieres? Puede que te hayan dado todo tipo de **razones** para explicarte por qué no puedes tenerla:

> No tenemos sitio.

> No tenemos tiempo para cuidarla bien.

Esto no son más que **excusas** (a menos que sean verdaderas razones, en cuyo caso podrías tener que conformarte con una mascota imaginaria).

Mascotas imaginarias: página 224

El chantaje emocional es cuando usas tu imaginación para hacerles sentirse mal por no regalarte una mascota. Las **estrategias** que podrías intentar son:

1. Dibujar un **dibujo precioso** de ti y de tu familia, y en el dibujo incluir la mascota que te gustaría tener. Entonces, les enseñas el dibujo a los mayores.

PAPÁ: Vamos a ver,
¿qué tenemos aquí?
NIÑO: He hecho un dibujo
de nuestra familia. Este soy yo.
Este eres tú. Esta es mamá.
Este es Toby. Esta es Serena.
PAPÁ: ¿Y quién es este?
NIÑO: Este es Flufy-Gurufy.
PAPÁ: ¿Y quién es Flufy-Gurufy?
NIÑO: Es el conejito que me vas a regalar.

Lucas, 3 años

Conseguir una mascota: página 11

2. También puedes **dejarlo caer** en la conversación de vez en cuando.

¡Ah, me encanta este paseo por el campo! Pero todavía sería mejor si tuviéramos un perro.

Cómo me gusta jugar al 4 en raya. Si tuviera un perro, me pasaría todo el día jugando con él.

Cómo jugar al 4 en raya con tu mascota: página 50

Una mascota más grande

Si tienes mucha mucha suerte, tus padres aceptarán que te tienen que regalar una mascota. Una manera de conseguir la mascota que quieres es no pedir esa, sino pedir otra que sea más grande **y más difícil** de tener en casa.

Si quieres una mascota, piensa en ella como un número. Entonces súmale un 1 para pedir otra mascota una talla **mayor.**

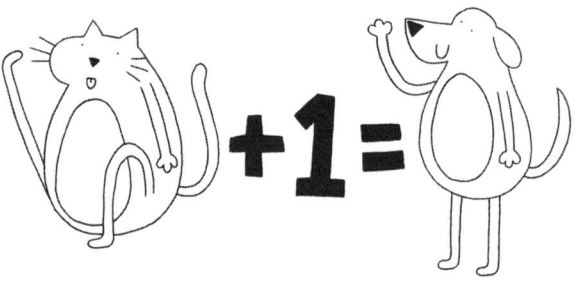

Por ejemplo, si quieres un **hámster** para tenerlo en una jaula, di que quieres un conejillo de Indias. «¡No, no, no, estás loco! ¡Un conejillo de Indias es demasiado grande!», te responderán. Y, entonces, si los miras con tus ojitos más tiernos y abiertos mientras ellos se quedan pensando, te dirán que un conejillo de Indias no, pero que un hámster **sí puedes tenerlo.**

Pero ¿qué pasa si lo que quieres es un **conejillo de Indias**?
Bueno, pues di que quieres un minino que ronronee y haga miau. «¡Ah, no! Pero ¿qué estás diciendo? ¡Los gatos son demasiado grandes!», gritarán. Pero si los miras con tus ojitos más tiernos y abiertos mientras ellos se quedan pensando, entonces decidirán regalarte un conejillo de Indias.

Y ¿qué pasa si quieres un **gato**, cómo lo solucionas?
Bueno, les dices que quieres un perro de orejas caídas que se pase el día mordiendo huesos y galletas. «¡Ah, no, no, no, no tenemos sitio! ¡Los perros son demasiado grandes!», exclamarán. Pero si los miras con tus ojitos más tiernos y abiertos mientras ellos se quedan pensando, entonces decidirán que puedes tener un gato.

Y si lo que quieres de verdad es tener un **perro**, tendrás que usar el sentido común. Y decir que quieres un poni para cabalgar y saltar vallas. «¡Los ponis son demasiado grandes, chaval!», te dirán ellos. «Esto no es más que un piso». Pero si los miras con tus ojitos más tiernos y abiertos mientras ellos se quedan pensando, entonces decidirán que puedes tener un perro.

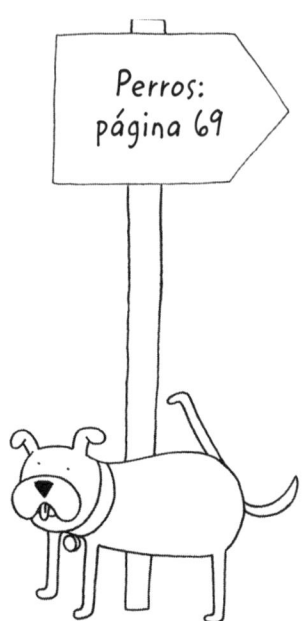

Si lo que quieres es un **caballo**, entonces necesitas pensar a lo grande. Diles que quieres tener un elefante para hacer números de circo. «¡Ah, no, caray, por todos los demonios!», exclamarán ellos. «No tenemos sitio para Jumbo». Pero si los miras con tus ojitos más tiernos y abiertos mientras ellos se quedan pensando, entonces decidirán que te mereces un poni.

Ahora bien, si lo que quieres es un **elefante**, la cosa se sale de madre. Tienes que pedir un dinosaurio. Pero puede que te salga mal. «¡Ah, sí, sí, sí! Sin problema», te responderán seguramente. «Ahora mismo te compramos un dinosaurio». Y como los has mirado con tus ojitos más tiernos y abiertos mientras ellos se quedaban pensando, te regalarán una mascota de tamaño jurásico, que se comerá tu cama contigo dentro.

Implorar

Si todo lo demás falla, implorar puede ser una manera muy efectiva de lograr que tus padres te regalen una mascota. Si la quieres **de verdad,** puedes ponerte de rodillas y decir: «¡Por favor, por favor, por favor, por favor, por favor, por favor...! ¿Puedo tener una mascota? ¡Por favor, por favor, **por favor...!»,** etcétera.

Diferentes razas de caballos: página 20

Si **no sabes** qué mascota quieres, usa este **organigrama**.
Empieza por el principio y síguelo hasta que llegues a una mascota.

Diferentes razas de caballos

Para alguna gente, un caballo es igual que cualquier otro, pero lo cierto es que hay tipos muy **distintos.** Si quieres conocer todas las razas de caballos, abre un libro sobre caballos o busca en internet. Aquí, sin embargo, podrás ver algunos de **mis favoritos.**

Sorrel de Suffolk

Se les llama **«gigantes amables»,** pero no me gustaría que ninguno de ellos me pisara, te lo aseguro. No valen realmente para montar, sino para tirar de algún carro enorme o de un tren. Pueden ser una mascota estupenda si te apetece que tu mascota haga **caquitas** del tamaño de tu cabeza.

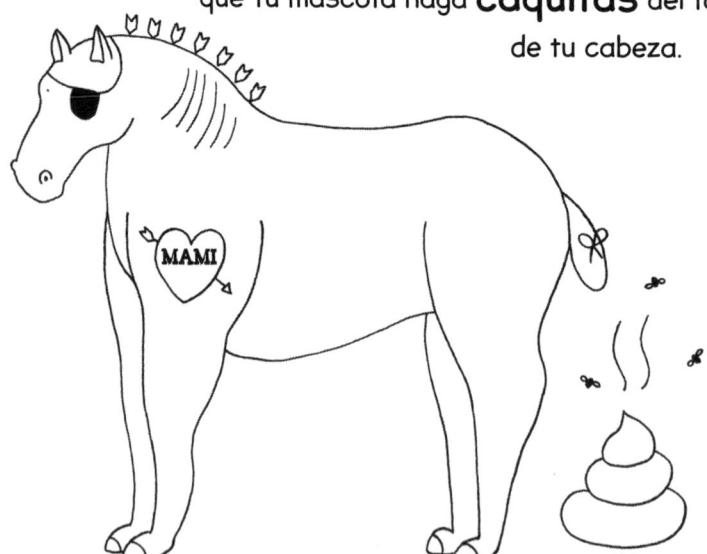

Poni de las Shetland

Son **pequeñísimos,** pero se los puede montar (aunque enseguida te harás demasiado grande para este poni y necesitarás un caballo de verdad). Me encanta el **flequillo tan mono** que tienen y también que adquieran un brillo amarillo verdoso cuando hay luna llena.

Poni de las montañas de Gales

Son **más grandes** que los de las Shetland. De hecho, según mi libro sobre ponis, son tan grandes como una **montaña de Gales.** Aunque a lo mejor lo he leído mal.

Alimentar a una mascota

Es muy **importante** darle a cada mascota lo que hay que darle. Si intentas darle comida de perro a un hámster, no se va a poner muy contento, y si intentas darle comida de hámster a un perro..., el perro se la comerá, seguramente, porque los perros comen **de todo**. En términos generales...

Los **perros** comen comida de perro y también sobras de los humanos. Y todo lo que quieras, salvo cebolla, chocolate y huesos de pollo, que podrían sentarles fatal.

Los **gatos** comen comida de gato, trocitos de queso y arañas.

Los **hámsteres** comen bolsas de una comida de hámster que se parece a los cereales del desayuno, y también intentan comerse los dedos de los niños.

Perros: página 69

Gatos: página 118

Hámsteres: página 138

Mascotas que se vuelven majaras: página 58

Los **conejillos de Indias** comen casi lo mismo que los hámsteres, pero puedes comprar una bolsa más grande, porque viven más tiempo.

Los **pececitos de colores** comen comida de peces. Procura no darles demasiada porque se la comen toda, se ponen gordos muy rápido y después explotan y causan un mini tsunami en la pecera que terminará con las plantas domésticas y hará que las alfombras de la casa evolucionen hasta convertirse en dinosaurios.

Los **ponis** comen la hierba que tienen en el campo y heno en el invierno. Además les encantan las zanahorias y los terrones de azúcar.

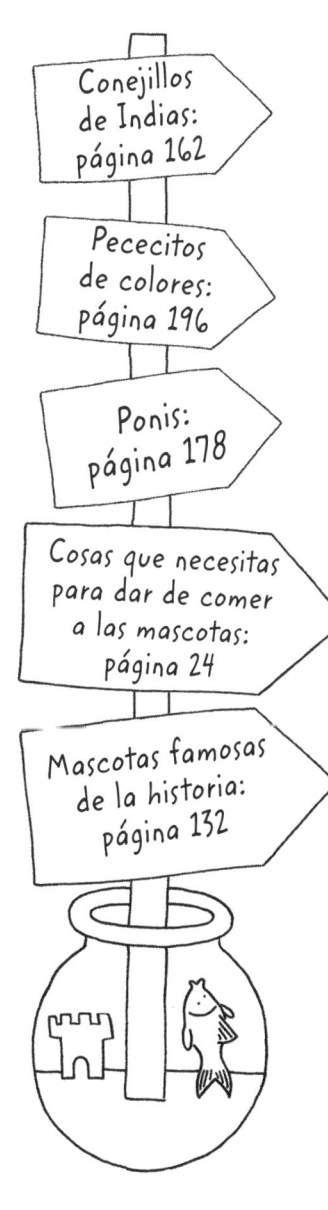

Conejillos de Indias: página 162

Pececitos de colores: página 196

Ponis: página 178

Cosas que necesitas para dar de comer a las mascotas: página 24

Mascotas famosas de la historia: página 132

Cosas que necesitas para dar de comer a las mascotas

A menos que tu mascota sea un animal salvaje y se encuentre la comida por sí solo, vas a necesitar ciertas cosas, además de comida para darle de comer. Evidentemente, lo que vas a necesitar **dependerá del tipo de mascota** que tengas.

Aquí abajo le he dado de comer a cada animal lo que no le toca. Mira a ver si puedes relacionar a cada animal con su **auténtica** comida.

Es muy importante darle a cada mascota **la comida que le corresponde.** A menos, claro, que tu mascota sea una mascota imaginaria. Si lo que tienes es un **lémur de Valladolid,** por ejemplo, puedes darle magdalenas, claveles y pañales usados. Cualquiera de esas cosas le pondrá muy contento.

Mascotas imaginarias imposibles: página 227

Alimentar a una mascota: página 22

Real Sociedad de Animales Ficticios: página 174

Salva a una mascota

No necesitas comprar una mascota nueva: a veces es mejor acoger a una de **segunda mano.**

Las protectoras de animales son sitios donde ciertas **personas maravillosas** cuidan de los animales vagabundos, de animales perdidos y de animales cuyo dueño ya no puede cuidarlos, por el motivo que sea.

Tener una mascota rescatada no significa necesariamente que esa mascota pueda rescatar, a su vez, a **personas en apuros...** pero podría ocurrir. En todo el mundo hay perros policía y perros que trabajan para los bomberos ¡y que **ayudan a rescatar** personas de edificios desplomados y de tormentas de nieve!

Conseguir una mascota: página 11

Mascotas que pueden desempeñar un oficio: página 172

Cómo usar la imaginación

¿Cuántas veces la gente te dice que uses la imaginación?

> Papá, ¿por qué no hay comida en mi plato?

> Es que no he preparado nada. Tendrás que usar la imaginación.

Pero ¿alguien te ha explicado cómo usar la imaginación?
Hay **millones** de maneras de hacerlo, pero te diré solo una...

Busca un sitio tranquilo y siéntate con los ojos cerrados y sin moverte. Asegúrate de que estás **tranquilo** y de que respiras con calma. Entonces, pregúntate a ti mismo: «¿Qué voy a pensar ahora?».
Y, por último, **escucha a tu cabeza,** mira dentro del cerebro o préstate atención a ti mismo y vamos a ver qué piensas a continuación.

Seguramente te sorprenderá lo que le pasa a tu imaginación. Inténtalo todos los días durante un mes y te convertirás en **un experto.**

Cómo hacen sus necesidades

Los humanos lo hacen en el váter, pero ¿cómo lo hacen las mascotas? Bueno, eso **depende** del tipo de mascota. Los pececitos de colores suelen hacer sus caquitas mientras nadan, cosa un poco rara, la verdad. Si tú hicieras lo mismo en la piscina municipal, te meterías en un **buen lío.** Yo lo probé y no te lo aconsejo.

> Con ayuda de un adulto (y para practicar tu inglés), escribe en internet «cat poo toilet», ¡y verás que algunos gatos son capaces de utilizar el váter de vez en cuando!

Farolas: página 30

Enseñándoles a hacer sus necesidades: página 32

Tabla de identificación de caquitas: página 34

Bandejas de arena

Si tienes un **gato**, seguramente necesitarás una bandeja de arena. Se trata de un recipiente rectangular con unas piedrecitas finas a las que se llama «arena para gatos».

La arena para gatos absorbe la humedad y parte del olor, de manera que el **pipí del gato** desaparece y las **caquitas** se secan hasta convertirse en extrañas bolitas superduras (que en ningún caso deben emplearse ni como arma ni como pelotas de golf).

Una historia curiosa sobre una bandeja de arena: página 194

Una vez que tengas a tu gato o gatito, pasarás un montón de tiempo mirándolo y esperando al momento en que te dé la impresión de que está a punto de hacer pipí o lo otro. (Seguramente empezará buscando un rincón, tendrá una expresión rara en la cara y puede que cruce las patas). En cuanto notes **alguna señal** de estas, cógelo y plantifícalo en la bandeja de arena. El gato debería entender el mensaje de que **es ahí** donde quieres que haga sus cosas.

Por cierto, la arena para gatos se llama «arena para gatos» porque «grava de mierda» quedaría feo.

Farolas

Cuando te regalan un **perro**, de repente las farolas cobran importancia en tu vida. Notarás que tu perro está increíblemente interesado en ellas, así como en los árboles, las vallas y los bolardos. Eso es porque a los perros **les encanta** mear en todos esos sitios. Por qué, no lo sé. Creo que es porque utilizan su orina para enviarse **mensajes** entre ellos.

Por lo que yo sé, el único mensaje que parecen dejarse es:

¡Yo he hecho pis aquí!

No creo que se estén enviando entre ellos **importantes mensajes** como:

Ten cuidado por aquí. Los coches salen muy rápido de esa curva, así que asegúrate de que vas sujeto con la correa.

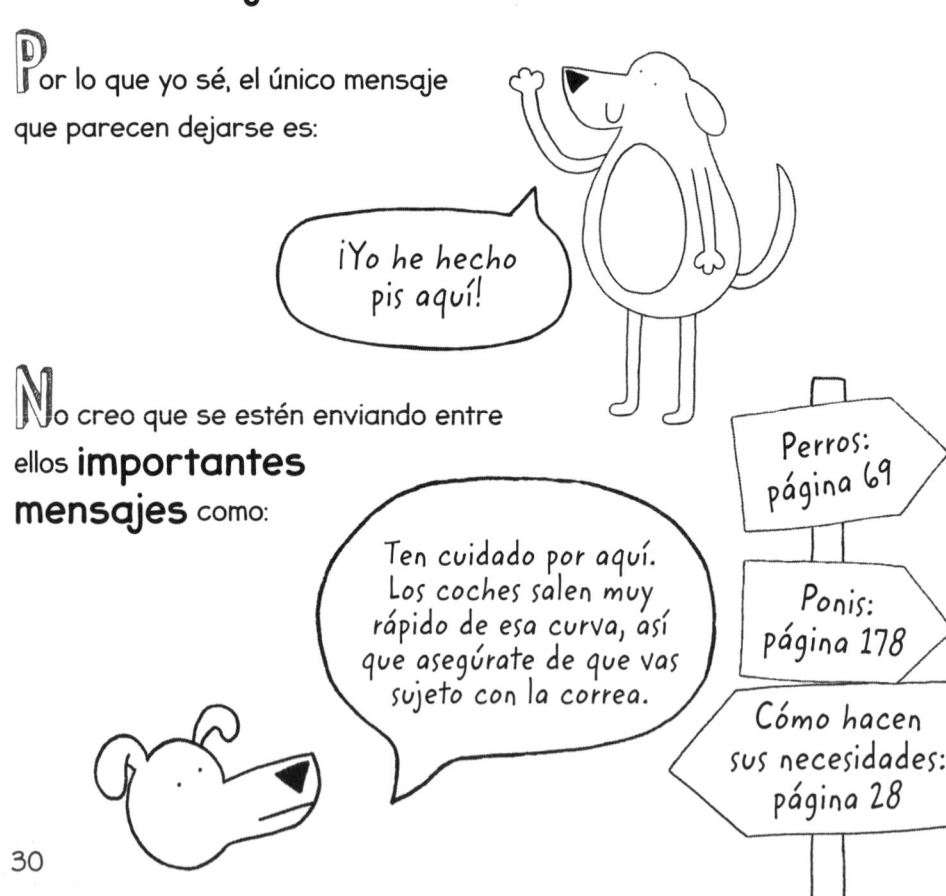

Perros: página 69

Ponis: página 178

Cómo hacen sus necesidades: página 28

No. Por lo que yo sé, cuando un perro **olfatea** una farola, lo que piensa es esto:

> ¡**Aaah**, qué interesante! Un spaniel ha hecho pis aquí hace tres días. Ese spaniel normalmente mea en aquel arbusto. Creo que voy a ir a oler ese arbusto para enterarme de qué sucede. ¡Aaah, el spaniel no ha meado en este arbusto, pero lo ha hecho un caniche! A ese caniche lo conozco... Sí, es Óscar, el del número 43. Y ha cenado salchichas. ¿Y ese olorcillo qué es? ¡Uy, pero si es **mi** propio pis! Debo de haber hecho pis aquí el mes pasado y se me había olvidado completamente. Gracias a mi prodigioso olfato puedo descubrir sitios en que he meado y que se me habían olvidado.

Si te gusta cómo suena esto, creo que deberías tener **perro**.

Si no te gusta, tal vez deberías echar un vistazo a los **ponis**. Si un poni hiciera pis en una farola, la fuerza del chorro seguramente la derribaría. A la farola y a todo el que pasara cerca.

Enseñándoles a hacer sus necesidades

Las **únicas** mascotas a las que se puede enseñar a hacer **sus necesidades** son los gatos y los perros. Los pececitos de colores lo hacen donde les da la gana. Los conejillos de Indias y los hámsteres lo hacen en todas partes. Los ponis son impredecibles y, cuando lo hacen, los resultados son colosales.

Si quieres entrenar a tu cachorrito, necesitas un **jardín**. Y luego necesitas gastar **horas** de tu vida paseando al cachorrito y manteniendo con él conversaciones como esta:

> TÚ: ¿Por qué piensas que estamos en el jardín?
> CACHORRITO: Te quiero.
> TÚ: Sí, eres un encanto, pero ¿por qué piensas que estamos en el jardín, bajo la lluvia?
> CACHORRITO: Te quiero.
> TÚ: Lo sé, pero eso no es lo importante ahora. ¿Por qué estamos en el jardín, bajo la lluvia, mojándonos?
> CACHORRITO: No lo sé. Lo único que sé es que te quiero.

Bandejas de arena: página 28

TÚ: ¡Estamos en el jardín mojándonos para que puedas hacer caquita!
CACHORRITO: ¡Ah!
TÚ: ¿Por qué no haces una caquita?
CACHORRITO: Estoy esperando a que volvamos a casa, para hacerla en el sofá.

Tabla de identificación de caquitas

Aquí tienes una **práctica tabla** que te ayudará a identificar una caquita que te puedas encontrar inexplicablemente. Esta tabla también te ayudará a decidir si podrás **soportar** la caquita de la mascota que te gustaría tener. Por ejemplo, si piensas que te gustaría tener un conejo, **mira antes** a ver qué caquitas hace. ¿Podrías soportar tenerla en las manos?

Caquita de gato:

Las caquitas de gato tienen forma de bala, pero muy rara, y a veces tienen pelos. Huelen horrible.

Cacaza de perro:

Es la caca más olorosa y pegajosa del mundo. Necesitas bolsas especiales para recogerla, contenedores especiales para depositarla y, si la dejas donde el perro la ha depositado, la gente se enfada mucho.

Caquita de lagarto:

La buena noticia: huele a chocolate caliente.

La mala noticia: no es verdad.

CAQUITA DE LAGARTO

Caquitina de pececito de colores:

A veces les cuelgan del trasero durante una eternidad. ¿Que no te lo crees? ¡Busca «*long goldfish poo*» en internet!

Caquita de hámster:

La buena noticia: los hámsteres solo hacen caca cuando tienen miedo.

La mala noticia: los hámsteres tienen miedo todo el tiempo.

Cagarrutas de conejo:

Los conejos muchas veces se comen sus propias cagarrutas (busca en internet «bunnies eating poo» y verás un montón de vídeos), y por eso yo no hablo mucho de ellos en este libro.

Bosta de poni:

Gigantesca. Imagina tu cabeza, pero hecha de caca. Pues así de grande es. Pero, no se sabe por qué, la puedes dejar en la carretera ¡y a nadie le molesta!

Caquita imaginaria de mascota imaginaria:

Varían enormemente. Pueden oler a rosas y desprender polvos mágicos; o pueden ser enormes y apestosas y echar a correr y descontrolarse completamente.

SOLO SE PERMITE UNA CAQUITA IMAGINARIA CADA VEZ

Mascotas que no aparecen mucho en este libro: página 236

Una historia curiosa sobre una bandeja de arena: página 194

Cómo demostrar que sabes cuidar de un pez: página 204

Jugar con mascotas

Una de las **ventajas** de tener una mascota es que puedes jugar con ella. De hecho, la mayoría de las mascotas te dejarán jugar con ellas todo el día y no se cansarán nunca. (Con la posible **excepción** de los gatos, que te dejarán jugar con ellos mientras les apetezca ¡y después **te atacarán!** Busca «moody cat alert» y lo comprobarás por ti mismo).

Hay **muchos juegos** a los que puedes jugar con una mascota. Entre ellos están perseguirse, lanzar y buscar un objeto, saltar, hacerle cosquillas, pegarle en la cabeza con una salchicha, echar una carrera y el 4 en raya. He trazado una tabla que te enseña qué juegos son adecuados para cada mascota.

La mayoría de las mascotas no ven la diferencia entre jugar, trabajar y ser simplemente una mascota. Para una mascota feliz, **todo** es juego. Por eso suele ser fácil enseñarles a hacer ciertas cosas.

> Mascotas que se vuelven majaras: página 58
>
> Qué mascota es la mejor para jugar: página 45
>
> Vacaciones en la Luna: página 148
>
> Con quién jugar a qué: página 48

Qué puedes enseñarle a hacer a tu mascota

Los **perros** son las mascotas que mejor aprenden. Tal vez prefieras empezar con un *clicker* y algunos regalitos. Un ***clicker*** es una cosa que hace «clic» y que puedes comprar en una tienda de animales. El «clic» que emite es de sonido muy claro para el perro. Cuando lo entrenes, se dará cuenta de que ese «clic» es realmente importante y de que debe prestar atención. Los **premios** consisten en bocaditos de algo comestible, no en viajes a un parque temático.

A la mayoría de los **perros** les encanta ir a **buscar lo que les tiras.** Palos y pelotas son los objetos más socorridos, aunque algunos perros también van a buscar zapatillas, periódicos y **raras cosas peludas** que viven entre el lavavajillas y el cubo de la basura. A veces, sin embargo, los perros no van a buscar lo que se les tira. Echa un vistazo en YouTube a «*dog fetch fails*».

> Jugar con tu perro a «vete a buscarlo»: página 44

A los **gatos** les gusta aprender cosas, pero solo se les puede enseñar **cosas sencillas,** como atracar bancos o apoderarse del planeta robando misiles nucleares.

A los **conejillos de Indias** les puedes enseñar a que acudan cuando los llames por su nombre (busca «*how to teach a guinea pig to come when called*»). Y los **peces** pueden aprender a perseguir tu nariz si pegas la cara contra el cristal.

Algunos animales **son tan listos** que se les puede enseñar un oficio…

> Mascotas que pueden desempeñar un oficio: página 172

Haciéndoles cosquillas en la barriga a hámsteres y a conejillos de Indias

Los hámsteres y los conejillos de Indias se pasan la mayor parte de la vida **aterrorizados,** y una de las mejores maneras de hacer que se sientan seguros es cogerlos, hablar con ellos y hacerles cosquillas suaves en la barriga.

Usa solo las **yemas de los dedos.** No necesitas ningún tipo de instrumento para hacerle cosquillas a un hámster. De hecho, **NO DEBES** usar ningún instrumento para hacerle cosquillas. Si necesitas ayuda, busca *«ticklish guinea pig»* en YouTube. ¡Verás cómo clavan en el aire las patitas!

A los hámsteres y los conejillos de Indias les gusta que les hagan cosquillas en la barriga, pero **no hay que pasarse.** Sabrás que te has pasado cuando se les ponga la cara colorada y se empiecen a hacer pis.

¿Adónde vas con esa escalera?

Voy a hacerle cosquillas al hámster.

Experimentos seguros y éticos que puedes realizar con tu mascota

Mucha gente está **en contra** de la experimentación con animales. Aquí te ofrecemos algunos experimentos que puedes realizar con tu mascota y que no solo **no le harán daño**, sino que pueden gustarle.

Gatos en un círculo

He descubierto recientemente este experimento para ver si los gatos se acuestan en un círculo. Dibuja o marca con cinta aislante un círculo en el suelo y verás que casi siempre tu gato quiere colocarse **en el centro**. Puedes ver los **miles de vídeos** de YouTube que demuestran que «*cats can't resist sitting in circles*».

Esta ha sido **mi experiencia**: dibujé un círculo en medio del suelo de la cocina y descubrí que los gatos solo se echan en el medio en caso de que tengas gato, que no es mi caso.

¿Te quiere tu perro?

1 ¿Qué hace después de que le hayas dado de comer? Eso muestra cuál es su **segunda prioridad** (después de la comida). ¿Quiere jugar solo o corre a hacerte **caricias?**

2 ¿Qué sucede cuando lo dejas **solo** en casa? ¿Se pone **como loco?** Si lo hace, eso no significa que te quiera. Significa que le pone muy **nervioso** quedarse solo. Si tu perro se va contento a su camita cuando tú no estás, es que sabe que vas a volver y se siente **seguro.**

3 ¿Qué hace tu perro cuando vuelves a casa? ¿Se pone muy contento, mueve la cola y te lame la cara? Entonces es que **te quiere.** Si ni siquiera se levanta del sofá, **es que no.**

4 ¿Tu perro **te regala** una postal por San Valentín?

Hasta el *Wall Street Journal* piensa que hay una manera de **comprobar** cuánto te quiere tu perro. Busca en YouTube «*five ways to know your dog loves you*».

Qué mascota respira más

Prepara un cronómetro, un papel y un bolígrafo. Vas a averiguar **cuántas veces** respira tu mascota. Si es un hámster, verás que la barriga se le infla y desinfla. Si es un pececito de colores, verás que las branquias se le abren y cierran. Cuenta cuántas veces respira tu mascota **en un minuto.** Y después cronometra cuántas veces respira el resto de tus mascotas o las mascotas de otras personas. Después cronométrate a ti y a tus padres. **¿Cuántas veces respiramos** por minuto?

Haz una tabla con los **resultados.** ¿Qué mascotas respiran **más** y cuáles **menos?** ¡El único problema de esto es que podrías emocionarte tanto que se te olvidara respirar!

¿Tu mascota tiene un color favorito?

Intenta conseguir comederos de colores distintos para tu mascota. Ofrécele un poco de comida en un comedero **azul** y otro poco en un comedero **rojo**. **¿Cuál prefiere?** Tal vez ese sea su color favorito. Tal vez le importe un rábano. ¡Qué experimento tan interesante!

Conejillos de Indias: página 162

Tener un gatito: página 125

¿Los gatos tienen miedo de los pepinos?: página 66

Razas de gatos imaginarios: página 216

Anota los resultados y envíamelos por email a: amimeimportaunrabano@quetecrees.com

Jugar con tu perro a «vete a buscarlo»

La forma de enseñar a tu perro este juego es tirándole algo para que vaya a buscarlo. Una pelota, por ejemplo. Algunos perros te la traerán de vuelta, mientras que otros se quedarán contemplándola sin más.

El **retriever** va a buscar la pelota.
El **terrier** destroza la pelota. ¡Busca en internet *«terrier destroys ball»* y lo comprobarás!
El **collie y los perros pastor** colocan las pelotas en grupos.
El **chihuahua** se queda donde estaba y le ladra a la pelota.
El **pomerania** decora las pelotas y las expone para la contemplación de los amigos.
El **spaniel** persigue la pelota hasta la mitad del camino, pero entonces se olvida de lo que estaba haciendo y se va a ver tiendas.

Tras pasar un rato enseñándole a tu perro a ir a buscar cosas, te sentirás muy a gusto contigo mismo, hasta que te des cuenta de que lo que de verdad ha ocurrido es que tu perro te ha enseñado a tirar cosas para él.

Qué mascota es la mejor para jugar

Les he pedido a **cien escolares** que elijan la mascota con la que prefieren jugar. Estos son los resultados:

- Perros: 32 %
- Gatos: 24 %
- Ponis: 10 %
- Conejillos de Indias: 18 %
- Hámsteres: 14 %
- Peces: 2 %

También he preguntado a **cien conejillos de Indias** con quién preferirían jugar. He aquí los resultados:

- Niños: 79 %
- Adultos: 12 %
- Otros conejillos de Indias: 6 %
- Gatos: 1 %
- Real Madrid: 2 %

Cosas que no deberían estar en este libro: página 239

Jugar con mascotas: página 36

Carreras de mascotas

Hay **tres tipos principales** de carreras de mascotas. Todos ellos consisten en ver la prisa que se dan las mascotas en llegar de un sitio a otro. Estos tres tipos son:

1. Hacer correr a un animal **contra otro del mismo tipo.** Por ejemplo: ver cuál de tus dos conejillos de Indias consigue llegar primero al final de la mesa del comedor. ¡Busca *«guinea pig race»* y verás algunos conejillos de Indias, verdaderas figuras del atletismo!

2. Hacer correr a un animal **contra otro diferente.** Por ejemplo: ¿quiénes son más veloces, los gatos o los perros?

3. Hacer correr a un animal **contra ti.** Por ejemplo: ¿conseguirás llegar a casa antes que tu gato?

Obviamente, hacer correr a un pez contra un poni no sería justo. Sin embargo, puedes proporcionarles vehículos que podrían igualar las posibilidades.

Si quieres saber qué mascotas puedes poner a correr entre ellas, aquí tienes un diagrama que te muestra la **velocidad máxima** de diversas mascotas:

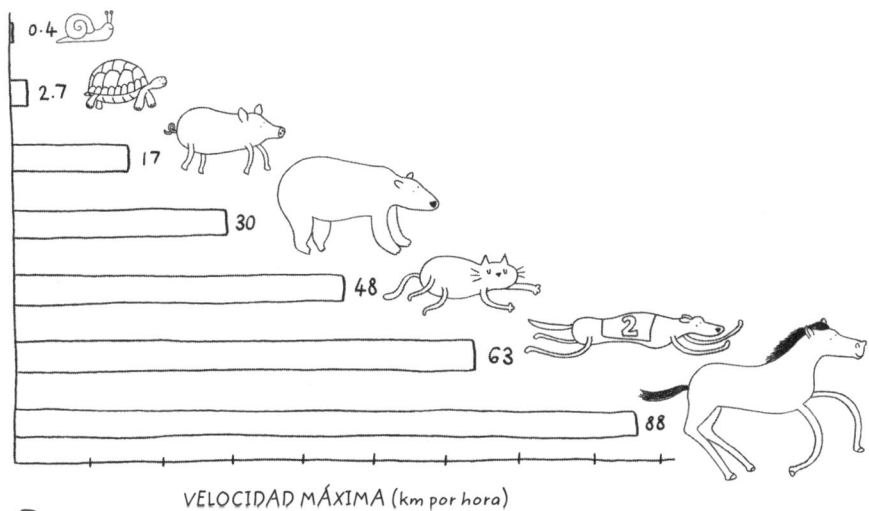

VELOCIDAD MÁXIMA (km por hora)

Aunque los gatos no ocupan más que el tercer lugar en este diagrama, a menudo viven por las noches **una media hora loca** en que corren por la casa, saltando de un mueble a otro. Durante esa media hora son los animales **más rápidos del universo** y pueden moverse lo bastante aprisa como para abandonar la órbita de una luna pequeña. Busca en YouTube: «*the 41 most unexpected cat jumps of all time*».

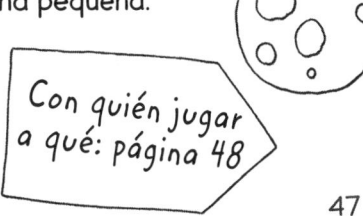

Con quién jugar a qué: página 48

Con quién jugar a qué

	PERROS	GATOS	HÁMSTERES
VETE A BUSCARLO	✓ Jugar con tu perro a «vete a buscarlo»: página 44	✗	✗
A VER SI ME ALCANZAS	✓	✓	✗ A ver si me alcanzas: página 52
COSQUILLAS EN LA BARRIGA	✓ Cosquillas en la barriga: página 79	✓ ¡Pero no digas que no te advertí!	✓ Haciéndoles cosquillas en la barriga a hámsteres y a conejillos de Indias: página 39
SALCHICHAZOS	✓ Salchichismo canino: página 100	✗	✗
CARRERAS	✓	✗	✗
4 EN RAYA	✓	✓	✓ ¡Podrías tener una racha increíble!

Si no sabes cómo jugar con tu mascota, ¡esta tabla es perfecta para ti! Que no se te olvide que nunca debes hacerle cosquillas en la barriga a un caballo ni correr contra tu mascota imaginaria.

> Jugar con mascotas: página 36

> Mascotas imaginarias: página 224

> Salchichismo equino: página 188

> Carreras de mascotas: página 46

> Cómo jugar al 4 en raya con tu mascota: página 50

CONEJILLOS DE INDIAS	PONIS	PECES	MASCOTAS IMAGINARIAS
✗	✗	✗	✓ ¡Solo si te gusta ir a buscarlo por ti mismo!
✗	✗	✗	✗ ¡Tienes que ser muy buen actor!
✓	✗	✗ Lo que pasa es que te vas a mojar las manos	✗
✗	✓	✗	✓
✗	✓	✓	✓
✓	✓	✓	✓

Cómo jugar al 4 en raya con tu mascota

El 4 en raya es uno de mis juegos favoritos. Es muy fácil de aprender, pero muy difícil de jugar bien. El **truco** para ganar, por supuesto, ¡es jugar contra un animal! Busca «*amazing dog trick – kooikerhondje cleo plays connect four*». La única **regla** diferente que tienes que conocer es que, si tu contrincante se pasa un minuto sin jugar, pierde el turno, y tú puedes volver a colocar ficha.

Déjame ponerte **un ejemplo.** Ayer estuve jugando al 4 en raya contra el hámster de un amigo mío que se llama Duque de Huélinton. Yo jugaba con las rojas; él, con las amarillas.

Me tocaba empezar y coloqué una de mis fichas rojas en la ranura 4.

Nombres geniales para todo tipo de mascotas: página 130

Le di al hámster **un minuto entero** para que colocara una de sus fichas amarillas, pero no lo hizo, así que yo coloqué la segunda ficha. La volví a meter en la ranura 4.

Esta vez el hámster volvió a no hacer nada, así que yo volví a jugar. Y, pese al hecho de que yo estaba a punto de ganar, Duque de Huélinton **siguió sin mover.**

No hacía más que mirarme.

Y, de ese modo, **gané.**

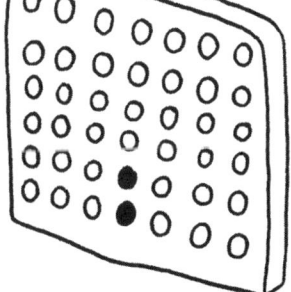 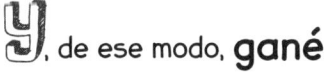 

Con quién jugar a qué: página 48

Animales que baten récords: página 211

A ver si me alcanzas

Jugar al **«a ver si me alcanzas»** se parece mucho a las carreras, solo que el animal más veloz no siempre es el que gana.

Los perros no son **tan veloces como los caballos,** pero a los caballos normalmente no se les convence para que persigan a nadie. A los perros, sin embargo, les encanta, y lo pueden estar haciendo todo el día.

Un gato te perseguirá si tienes algo que él quiere y cuando te atrape, te llenará de arañazos y te llamará algo muy feo **(en idioma gatuno).** Si quieres verlo por ti mismo, busca *«cat attacks man and chases him down».*

Los **hámsteres** irán detrás de ti si te pegas semillas de girasol en los pies y los animas silbando melodías.

Los **peces** solo te perseguirán si estás dentro de la pecera. Para eso, la pecera tiene que ser bastante grande.

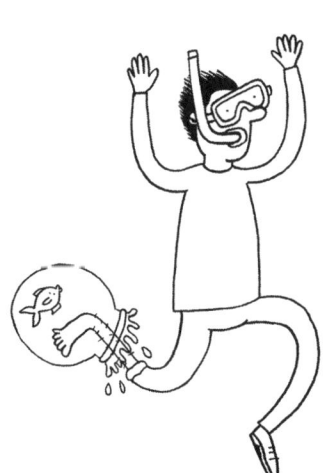

Una vez, perseguí a una avispa por toda la cocina hasta que la avispa comprendió que ella daba mucho más miedo que yo, y entonces me empezó a perseguir ella a mí hasta que me escondí en el armario de los platos. Pero las avispas no son mascotas, así que **no sé** por qué estoy contando esta historia en este libro.

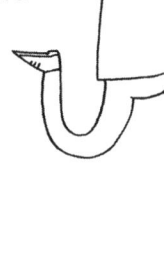

Con quién jugar a qué: página 48

Cosas que no deberían estar en este libro: página 239

Problemas con mascotas

Tener una mascota es estupendo, pero a veces rompen cosas, se ponen malitas o hacen **cosas raras** que te obligan a pensar: «¿por qué hace eso?» o «¿qué hago yo ahora?».

Podría escribir un libro entero sobre mascotas que **dan problemas.** Aquí tienes solo algunas de las cosas que le podrían pasar a tu mascota.

Comienzo: página 9

Complicaciones de tener animales en el cuarto de baño

Supongamos que tienes **muchas ganas** de tener un poni, pero no tienes ni campo ni establo para guardarlo. ¿Puedes sencillamente dejar el poni en el cuarto de baño? O suponte que tienes demasiados hámsteres. El de la tienda te aseguró que los dos eran hembra, pero el caso es que, de algún modo, han conseguido tener unos cuantos bebés hámster que ahora se dedican a procrear, y ya tienes unos **300** hámsteres y no sabes qué hacer con ellos. ¿Puedes sencillamente dejarlos en el cuarto de baño?

Por qué tengo tantos hámsteres: Página 146

O tal vez has leído un ejemplar de piscicultura impracticable y has decidido **adoptar una ballena asesina.** ¿Puedes ponerla en el cuarto de baño?

Bueno, sí que puedes, pero prepárate, porque habrá **consecuencias.**

Mascotas que se vuelven majaras

De vez en cuando, tu mascota se volverá majara. Normalmente eso ocurre porque has hecho algo que no deberías. Así que aquí verás algunas cosas con las que deberías tener **cuidado.**

Perros

Ten cuidado con la zona de los **dientes.** Esos dientes están afilados y, a veces, si un perro se emociona mucho, puede dar mordiscos. Cuando juegas con tu perro, si este empieza a gruñir, es que la cosa se ha puesto **demasiado bronca.** Echa un vistazo en YouTube: *«funny angry dogs barking and growling compilation».*

No debes molestar **nunca** a un perro cuando está comiendo. De hecho, no deberías molestar nunca a nadie mientras come. ¡Tú dedícate a tu propio plato!

Gatos

En el mejor de los casos, los gatos son **pequeños gremlins** impredecibles. Las cosas con las que hay que tener cuidado incluyen una cola que se mueve y un bufido.

Si tu gato hace eso, echa a correr y escóndete en un armario hasta que lleguen las autoridades. Puedes echar un vistazo a algunas de las *«angry cat video compilations»* de YouTube.

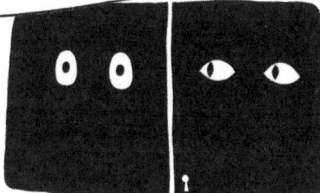

Ataques de gatos: ¿por qué tienes esos arañazos en la cara?: Página 156

Hámsteres

Por regla general, lo único que atacará un hámster es una semilla de girasol, pero, si tienes la **mala suerte** de tener un hámster con mal genio, debes saber que, si te disfrazas de ave rapaz y vuelas por la habitación, conseguirás que se vuelva a meter en su casita. Los hámsteres pueden **gruñir**, sin embargo. Busca en internet *«angry hamster»*.

Conejillos de Indias

A los conejillos de Indias a veces se les cruzan los cables. Sabrás que están a punto de volverse peligrosos cuando empiezan a hacer un ruido como de tetera y adquieren una tonalidad morada brillante. Si esto sucede, echa el cuerpo a tierra y **ponte a cubierto.** Después márchate de vacaciones sin perder un segundo. **A la Luna.**

Vacaciones en la Luna: página 148

Peces

El único modo de que te ataque un pez es estando con él **dentro del agua.** Si estás dentro del agua con un pez y te ataca, simplemente salte del agua y ve a darte una ducha.

Ponis

No te acerques a un caballo sigilosamente por detrás. No les gusta nada. Y, no se sabe por qué, tú tienes que acercarte a un caballo **por el costado izquierdo.** Si intentas montar a un caballo por el costado derecho, empezará a partirse de la risa y terminará cayéndose. Si quieres ver a un caballo al que se le han cruzado los cables, busca *«horse going crazy in field»* ¡y verás unos cuantos caballos y ponis haciendo locuras!

Leones

Si tienes un león como mascota, entonces necesitarás otra cosa: **¡un cerebro nuevo!**
Si eres lo bastante idiota como para tener un león, entonces te mereces todo lo que te pase.
Incluso ser **devorado.**

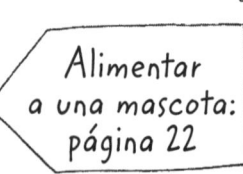

Alimentar a una mascota: página 22

Jugar con mascotas: página 36

Qué hacer si te encuentras una mascota a los pies de la cama

Uno **nunca sabe** lo que sucede cuando está dormido. De vez en cuando, uno se despierta y encuentra algún tipo de animal a los pies de la cama. Cuando eso sucede, lo primero que tienes que preguntarte es:

> ¿Este animal es de esta casa?

Si el animal es tu perro, por ejemplo, despertarte y encontrártelo en el dormitorio es muy emocionante. Seguramente se subirá a la cama de un salto y **te lamerá la cara** hasta que empieces a gritar.

Si el animal es la mascota de otra persona, o se trata de un aminal **salvaje,** eso ya es harina de otro costal.

Los animales salvajes que no querrás que aparezcan a los pies de tu cama incluyen **avispas** y **osos polares.** Lo peor que te puedes encontrar a los pies de la cama es una avispa que tenga de mascota un oso polar.

Si un animal peligroso como estos aparece en tu dormitorio, lo mejor que puedes hacer es **esconderte** bajo las mantas y quedarte **muy muy quieto** hasta que se vaya. No serviría de nada echar a correr, porque el oso polar puede correr a 30 kilómetros por hora, así que no lo vas a dejar atrás. Lo que hay que hacer es **llamar a un adulto.** No importa mucho si es un adulto responsable o no. Cualquier adulto servirá.

No intentes dar de comer a un oso polar como hicieron los de «a polar bear came to visit». ¡Busca en internet para ver lo que pasó!

Cuando el adulto esté contigo en la habitación, entonces es el momento de **echar a correr**. El adulto echará a correr también. Y ya no tienes que ser más veloz que el oso polar: ¡bastará con que seas más veloz que el adulto!

Algunas personas prefieren tener en el dormitorio una **máquina repelente** de osos polares. Puedes comprarla en Espiralidosa.

Conseguir una mascota: página 11

Máquinas de Espiralidosa: página 190

Mi perro tiene gusanos

¿Qué...? ¿Que tu perro tiene gusanos? **¿Dónde?**
Los gusanos viven en el jardín, supongo. Sí, los gusanos viven en el jardín, pero hay un cierto tipo de gusano que vive dentro de los perros y de otros animales.

Por el motivo que sea, cuando los perros andan por ahí, en bosques y otros sitios, a veces **se comen alguna caquita.** Ya sé que da asco, pero es parte de esa rara maravilla que son los perros.

Y algunas veces la caquita contiene **huevas de gusano.** Los gusanos no les hacen muchísimo daño a los perros, pero es mejor que **se los quites** lo antes posible. El veterinario te puede dar unas pastillas contra ellos. No son muy caras y funcionan.

Tabla de identificación de caquitas: página 34

Veterinarios: página 225

Adoro la caca.

O, también, puedes usar un **viejo truco** que consiste en cantarle una canción al trasero de tu perro. Hay una canción que ha sido escrita para animar a todos los gusanos a salir a jugar.

La letra dice así:

> **Gusanito gusanito,**
> **sal si quieres disfrutar.**
> **Gusanito gusanito,**
> **ven con nosotros a jugar.**
> **Gusanito gusanito,**
> **sal por la puerta de atrás,**
> **gusanito gusanito,**
> **y al 4 en raya nos ganarás.**

Problemas con mascotas: página 54

Perros que arrastran el trasero: página 104

Cómo comprobar si un adulto es responsable: página 198

Cuando salgan los gusanos, no juegues con ellos al 4 en raya: **llama a gritos** a un adulto responsable.

65

¿Los gatos tienen miedo de los pepinos?

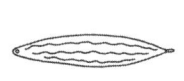

Si en internet buscas «*cats afraid of cucumbers*», verás todo tipo de vídeos **despiporrantes** sobre gatos que tienen miedo de los pepinos.

Yo me he pasado **tres horas** viendo estos vídeos y puedo decir que por regla general esto es lo que sucede en ellos: un gato está comiendo su comida y entonces su dueño coloca sigilosamente un pepino detrás de él, o a su lado. Nosotros seguimos mirando..., el gato termina su comida..., se da la vuelta... y ¡PUMBA!, el gato da un salto en el aire, despavorido, y escapa corriendo y bufando.

Claramente, da la impresión de que el gato tiene miedo del pepino, pero yo **no estoy tan seguro.** Creo que el gato simplemente se sorprende del pepino y que se sorprendería igual si se le pusiera cualquier otra cosa al lado mientras está distraído.

Si tienes un gato, tal vez puedas hacer **experimentos** para ver qué cosas le hacen saltar.

> Experimentos seguros y éticos que puedes realizar con tu mascota: página 40

Yo lo he intentado con **el gato de un amigo** y he averiguado que tenía miedo de los pepinos, de los calabacines, de una botella de limonada, de 27 soldaditos de juguete, de un girasol y de un despertador. Pero **no tuvo miedo** de una foto del almirante Nelson, ni de un paquete de salchichas, ni de un plátano, ni de un búho de peluche de ojos brillantes.

Tener un gatito: página 125

Diez cosas que no sabías sobre los gatos: página 131

Mi mascota está mala

Por desgracia, las mascotas se ponen malas **de vez en cuando.** Cuando eso sucede, normalmente **no eres tú** el que tiene que curarlas. Deja que los adultos se hagan cargo. Ellos llevarán a la mascota al veterinario o le darán algún tipo de tratamiento.

Tu labor es hacer **que se sientan mejor** y que sepan que los quieres. Hay muchas maneras de lograrlo, pero los métodos principales consisten en:

- Abrazos
- Hacer dibujos de ellos
- Contarles cuentos

Los **mejores cuentos** que puedes contarles son cuentos que te inventes sobre ellos. Pero si no se te ocurre nada, puedes utilizar esta historia que he escrito yo. Es sobre ratones, pero tiene **final feliz,** así que tendría que gustarles a la mayoría de las mascotas.

Problemas con mascotas: página 54

Veterinarios: página 225

Cuento de James para mascotas malitas: página 120

Perros

¡Aaah, yo adoro a los perros! Cuando veo un perro, me pongo **empalagoso** y no puedo dejar de mirarlo. Si visito la casa de alguien y resulta que tiene perro, me paso todo el tiempo intentando atraer su atención y gustarle. Los perros **son como niños con pelo** y que no hablan. ¡Me encantan!

Los perros vienen en todas las formas y tamaños. Hay perros pequeños como el **chihuahua** y perros gigantes como el **gran danés.** Si buscas *«dog breeds»* encontrarás todo tipo de razas **rarísimas.**

Por lo visto, en lo que se refiere al peso, cabrían 87 chihuahuas dentro de un gran danés. Además, un chihuahua jugando con un gran danés es la cosa más divertida del mundo. Busca en internet *«fearless chihuahua plays with puzzled great dane»*.

Entre medias, hay muchas otras **clases de perros.**
En diversas partes de este libro encontrarás páginas sobre muchos perros, incluido el labrador, el perro salchicha, el spaniel y el airedale.

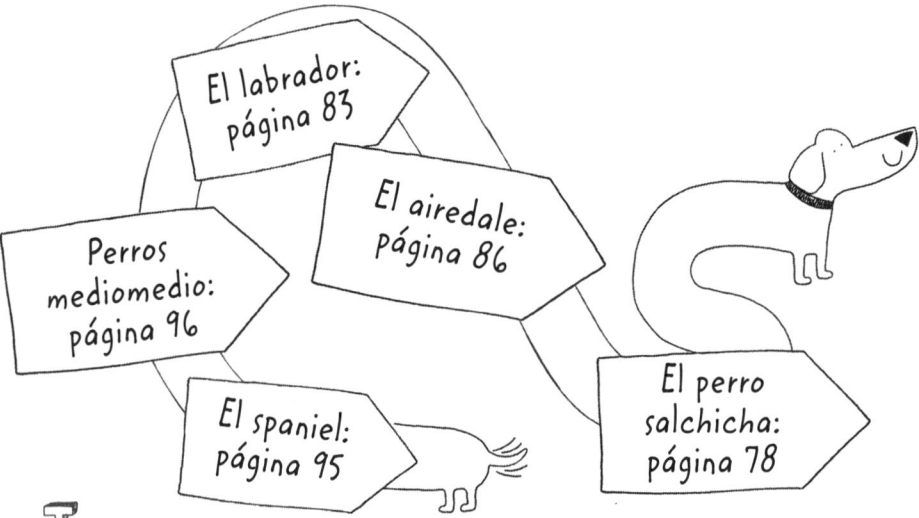

El labrador: página 83

El airedale: página 86

Perros mediomedio: página 96

El spaniel: página 95

El perro salchicha: página 78

También hay algunos tipos nuevos de perro que están hechos mitad de una raza de perro y mitad de otra. Me gusta llamarlos **«mediomedio».**

Los perros son un magnífico ejemplo de animal doméstico, lo que quiere decir que se les da muy bien hacer la colada y cargar el lavavajillas. Mi perro es muy **útil** en la casa y hace un prelavado de todos los platos de la cena, aunque los deja **llenos de babas.**

70

Lo creas o no, todos los perros descienden de los **lobos**. Hay **cientos** de razas de perro distintas, y cada una de ellas fue antes un particular tipo de lobo. Si quieres saber más sobre esto:

A algunas personas les gustan los perros **grandes**. A otras les gustan los perros **pequeños**. Si quieres saber mi opinión al respecto:

Todos los perros descienden de los lobos: página 106

Comienzo: página 9

Alimentar a una mascota: página 22

Perros pequeños frente a perros grandes: página 94

Los perros y el fuego

Algo que podría llamarte la atención sobre los perros es **lo cerca** que se pueden poner de un fuego.

Si intentas poner la mano donde está el hocico de un perro, **te arderá**. Entonces, ¿cómo puede un perro ponerse tan cerca de un fuego sin derretirse ni empezar a arder ni empezar a ponerse **más y más y más caliente** hasta que al final simplemente diga…?

He investigado sobre el particular y he conocido a una mujer que se llama Angelines que dijo que tenía seis labradores y tres chimeneas en su casa. Angelines estaba de acuerdo en que sus labradores se podían colocar muy cerca del fuego **sin quemarse**. Dice que los perros deben de tener nariz anticalentamiento o algún sistema de rociadores que les mantiene **la nariz húmeda** y evita que empiecen a arder.

«Todo buen amo de un perro sabe que la nariz de su mascota siempre tiene que estar húmeda», dice Angelines. «Si no está húmeda, el perro podría estar **enfermo** y, además, podría empezar a arder. Eso es lo que yo pienso, por lo menos».

Si los perros realmente tuvieran una nariz a prueba de calor, entonces serían un poco como **transbordadores espaciales** y se les podría lanzar a través del espacio. ¿Para qué querrías que un perro atravesara el espacio? Quizá, en caso de que estuvieras en la Luna y necesitaras enviar un mensaje a la Tierra... O tal vez estando de vacaciones... **en la Luna.**

Imagínate que os habéis quedado allí **atrapados** porque habéis perdido el último autobús de vuelta. Empieza a preocuparos la posibilidad de quedaros sin oxígeno. Tenéis que enviar un mensaje a la Tierra. Entonces ves que hay una catapulta espacial para enviar cosas de vuelta a la Tierra. ¿Qué es lo mejor que puedes lanzar a través del espacio? Te lanzarías **tú mismo,** pero tu padre dice que empezarías a arder en cuanto chocaras con la atmósfera de la Tierra.

Vacaciones en la Luna: página 148

Cosas que puedes lanzar con una catapulta espacial: página 164

Entonces ves a tus dos **spaniel**. «¡Por supuesto! Los perros tienen nariz a prueba de calentamiento. No les pasará nada».

Tu primera spaniel se ofrece **voluntaria** moviendo la cola, así que la colocas en la catapulta espacial. Papá acciona los controles apretando botones, ajustando la posición de las palancas y rascándose la nariz por dentro.

Os **emocionáis** cada vez más, hasta que al final aparece un enorme letrero que brilla con las palabras:

PREPARADO EL LANZAMIENTO...

Todos bailáis, **emocionados**.

T u padre aprieta el botón de la **Catapulta Espacial Lunar Espiralidosa 2000,** que de pronto hace un ruido semejante al que haría dentro de un contenedor de basura uno de esos descomunales... «airecillos» que se tiran los búfalos. Y, entonces, profiriendo un rugido y después un aullido, vuestra spaniel es **catapultada** al espacio, en dirección a la Tierra. Tu padre saca unos prismáticos cósmicos de bolsillo y observa con ellos la trayectoria de vuestro perro a través del espacio.

Cómo hacen sus necesidades: página 28

TÚ: ¿Está bien? ¿Qué hace?

TU PADRE: Está atravesando el espacio a una velocidad increíble. Y ahora da vueltas alrededor de la Luna.

TÚ: ¿Por qué hace eso?

TU PADRE: Está buscando un sitio para hacer pis.

TÚ: ¿Y qué hace ahora?

TU PADRE: Se dirige hacia la atmósfera de la Tierra.

TÚ: ¡No...! ¿No le pasará nada? ¿No se calentará demasiado y empezará a arder?

TU PADRE: No lo sé. ¡No, espera! ¡Acaba de impactar contra la atmósfera de la Tierra!

TÚ: ¿Está bien?

TU PADRE: ¡El hocico se le ha puesto rojo brillante! ¡Le salen llamas de las aletas de la nariz!

YO: ¿Está bien?

TU PADRE: Parece que sí. Está bien, porque...

¡TIENE UNA NARIZ ANTICALENTAMIENTO!

Los trabajadores de la estación espacial la captan en sus radares y dicen: «¿Es un pájaro?
¿Es un avión? No... es un spaniel.
¡Bienvenido, perro de la Luna!
¿Qué mensaje nos traes?».
Y entonces el perro dice:

E l problema es que no se le puede enseñar a un perro a decir: «Mi familia se ha quedado atrapada en la Luna. Por favor, salvadlos». Y tampoco puedes escribir el mensaje en un papel y ponérselo en el collar, porque **ardería**.

A fortunadamente, tenéis otro **perro de reserva**: otra spaniel. La colocáis en la Catapulta Espacial Lunar Espiralidosa 2000, pero esta vez **le afeitáis** el mensaje en el pelo.

T ambién podéis simplemente afeitarle una «S» en una nalga y otra "S" en la otra. Así, cuando la gente de la estación espacial le levante la cola leerá claramente la palabra **SOS**.

El perro salchicha

Perro salchicha es el apodo que recibe el **dachshund** o **teckel.** Son famosos porque tienen un largo cuerpo en forma de salchicha y patas pequeñitas.

Lo que me gustaría saber es una cosa: ¿los perros salchicha comen **salchichas?** ¿O se las quedan mirando y dicen: «No voy a comerme eso, porque me recuerda a **mi abuela»?**

En ciertas partes del mundo, a la gente le gusta practicar el **emocionante deporte** de darle salchichazos a un perro en la cabeza. Es mucho más divertido de lo que parece, **os lo aseguro.**

Salchichismo canino: página 100

Perros con nombre de comida: página 206

En tu casa, alguien tiene alergia a tu mascota: página 235

Cosquillas en la barriga

A los perros **les encantan** las cosquillas en la barriga. Algunos perros ni siquiera esperan a llegar junto a ti para tumbarse. Se dan la vuelta antes de llegar y hacen la última parte del camino **volando boca arriba.**

Los perros quieren que les hagas cosquillas durante **horas y horas.** Si fuera por ellos, te pasarías el día entero haciéndoles cosquillas. El **récord mundial** de un perro disfrutando de sus cosquillas lo ostenta Roxy, **un caniche** al que le hizo cosquillas un equipo de doce bomberos del norte de Gales durante seis días y medio antes de que se cansara y se fuera a comerse una galleta.

> Animales que baten récords: página 211

Una de las mayores **diferencias** que hay entre perros y gatos son las cosquillas en la barriga. Los perros **adoran** esas cosquillas, pero con los **gatos** la cosa se complica. Los gatos te dejarán que les hagas cosquillas, pero la situación puede descontrolarse enseguida…

Hazme cosquillas en la barriga… si te atreves.

Antes que nada, **se colocan** delante de ti tumbados.

Entonces les haces cosquillas y ¿qué hacen ellos? **Te atacan.** ¡Eso es lo que hacen! Eso es lo que ocurre si te atreves a hacerle **cosquillas** en la barriga a un gato.

Creí que quería que le hiciera cosquillas en la barriga, y entonces me hizo esto.

Uñas, dientes, colmillos… El gato utilizará todo tipo de armas para sacarte toda la **sangre** que pueda. Entonces verás que es casi completamente **imposible** desprenderte el gato del brazo una vez que se ha aferrado a él.

¿Cómo te lo desprendes?
No puedes.

Aquí hay algunos procedimientos que he intentado para desprenderme un gato del brazo:

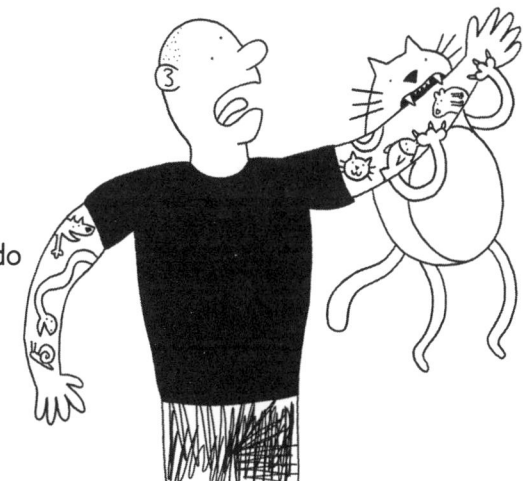

1. Ponerlo bajo el grifo del agua fría.

2. Cultivar patatas en su cabeza.

3. Atarlo a un cohete espacial.

No hay **ningún** procedimiento que valga para desprender un gato de tu brazo cuando has intentado hacerle cosquillas. Lo único que puedes hacer es **esperar** a que tú estés muy viejo y el gato se haya muerto.

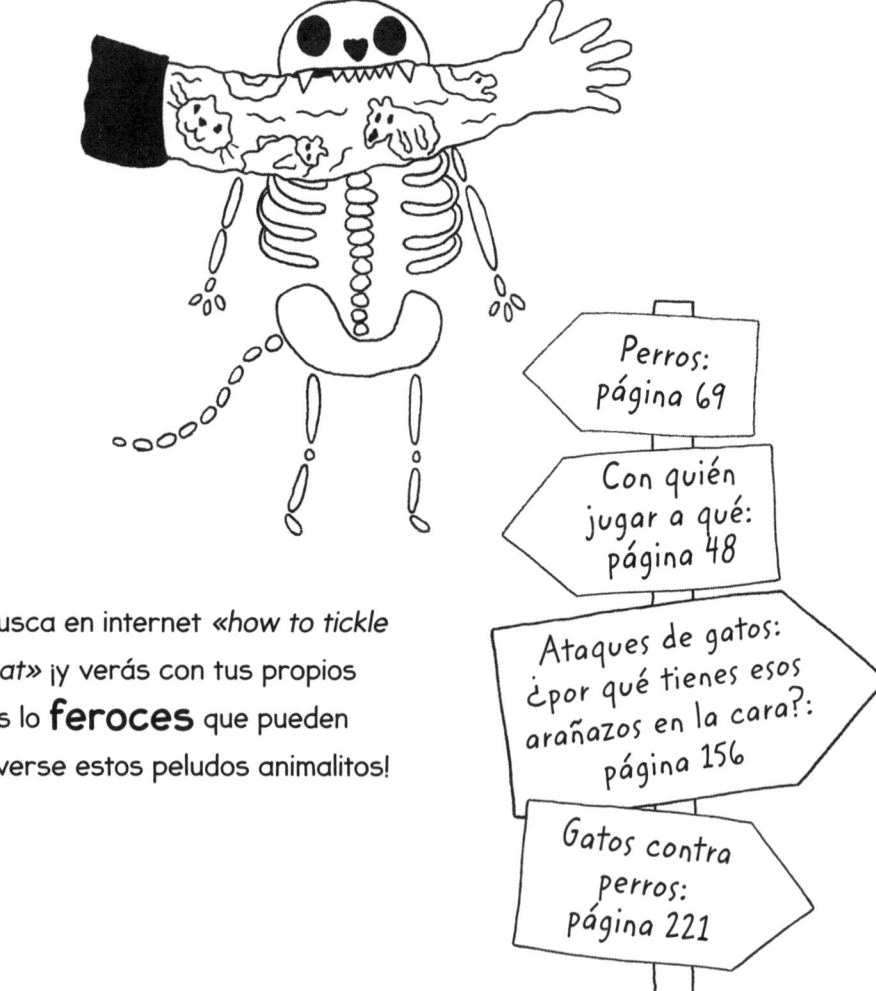

Busca en internet «*how to tickle a cat*» ¡y verás con tus propios ojos lo **feroces** que pueden volverse estos peludos animalitos!

Perros: página 69

Con quién jugar a qué: página 48

Ataques de gatos: ¿por qué tienes esos arañazos en la cara?: página 156

Gatos contra perros: página 221

El labrador

Uno de mis perros **favoritos** es el labrador o retriever.

Se pueden adquirir en **diferentes colores**.

Cuando son cachorros, los labradores son seguramente la cosa **más mona** del mundo. Exceptuando, tal vez, a la princesa Kate. En realidad, la princesa Kate y los cachorros de labrador se parecen mucho: ambos tienen ojos grandes, pelo brillante y **muchísimos** dientes.

Labrador dorado

Labrador negro

Labrador chocolate

Fíjate además en que tienen las pecas exactamente en los mismos sitios.

Pero cuando los labradores se hacen mayores, ya no los quiere nadie. Los cachorros de labrador son adorables. Los ancianos de labrador son **gordos** y **huelen mal.** Nadie quiere abrazarlos y se pasan el día entero delante de la estufa, con mirada triste, arrojando por la salida trasera **bombas fétidas** que pueden resultar mortales.

Lo **mejor** del labrador es la **cola.** La mayoría de los perros, cuando están **contentos,** mueven la cola. Los perros pequeños tienden a quedarse de pie o a sentarse quietos, y la cola se les mueve de un lado al otro.

Razas de perros imaginarios: página 150

Aquí tienes a un perro pequeño que está contento.

Pero el labrador es distinto. Cuando un labrador está feliz, mantiene la cabeza quieta ¡y mueve **el resto del cuerpo!**

Aquí tienes a un labrador que está contento.

Lo mejor de la cola del labrador es su alegría **destructiva.** Lo **rompe** todo, pero con total alegría. Sin tener ni idea de lo que está haciendo. Por delante te miran **sonrientes,** ¡mientras por detrás derriban tazas de café, destrozan adornos preciosos y **abofetean** niños pequeños! Busca en YouTube el vídeo llamado *«little dog gets whacked by a wagging tail»* ¡y experimenta por ti mismo toda esa destrucción aterradora!

El labrador: página 83

Cosas que han destrozado las mascotas: página 220

El airedale

Quizá hayas oído que el cuerpo humano es 70 % agua. Bueno, pues el airedale es 99 % aire.

Desarrollado originalmente en la provincia de Segovia como cazador de nubes, el airedale es **el único perro inflable** del mundo.

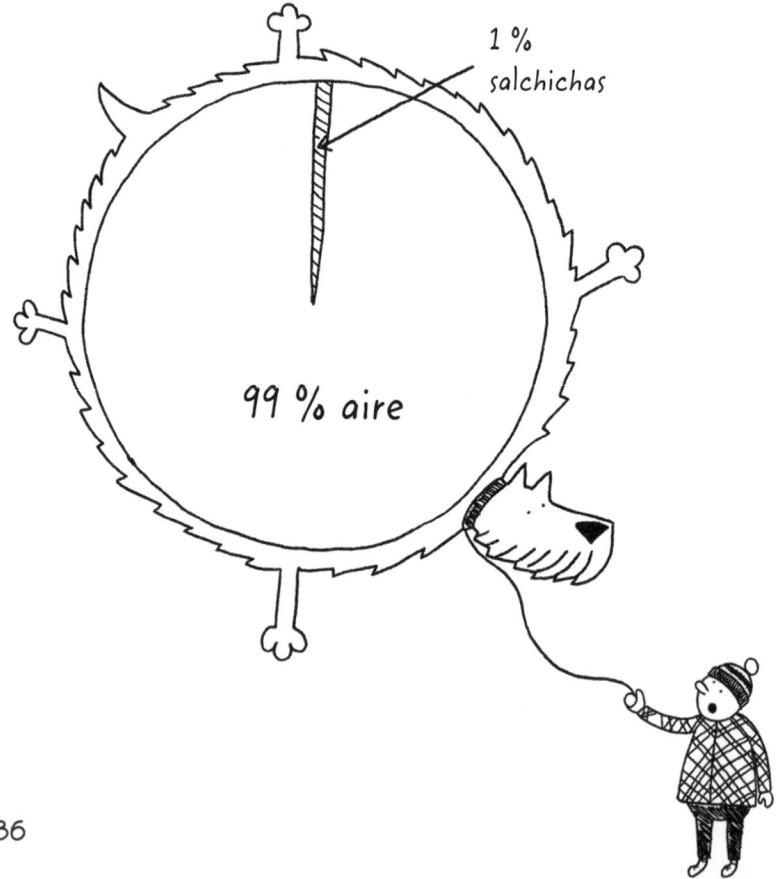

Existen **muy pocos** airedales. Eso es más que nada porque tienen la costumbre de escaparse de sus collares y flotar hasta el espacio, y no se les vuelve a ver nunca. Pero hay rumores de que se ha formado en la Luna una colonia de airedales y que viven allí muy felices, ganándose la vida con un campo de minigolf.

> Vacaciones en la Luna: página 148

Si vas alguna vez a la provincia de Segovia, el Museo del Aire de Airecillo de la Sierra contiene una maravillosa **exposición** sobre el airedale y sobre cómo se ha usado no solo para cazar nubes, sino también como sustituto de cometas durante la escasez de cometas de los años 40.

> Museo del Aire de Airecillo de la Sierra: página 168

Existen otras mascotas **inflables**:

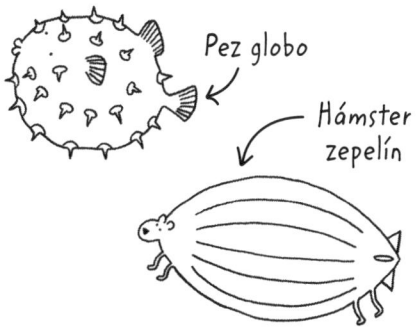
Pez globo

Hámster zepelín

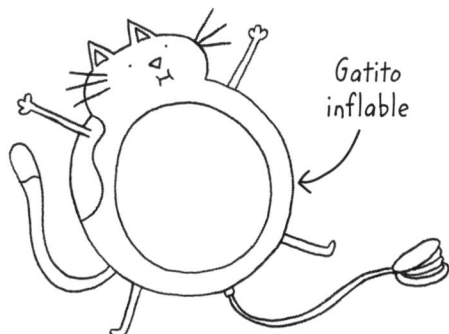
Gatito inflable

Chihuahuas

El chihuahua es, oficialmente, el perro de ortografía **más difícil** del mundo. En un estudio llevado a cabo entre niños de once años de una escuela primaria, se demostró que solo el **5 %** sabía escribirlo correctamente. Aquí hay algunos de los intentos incorrectos:

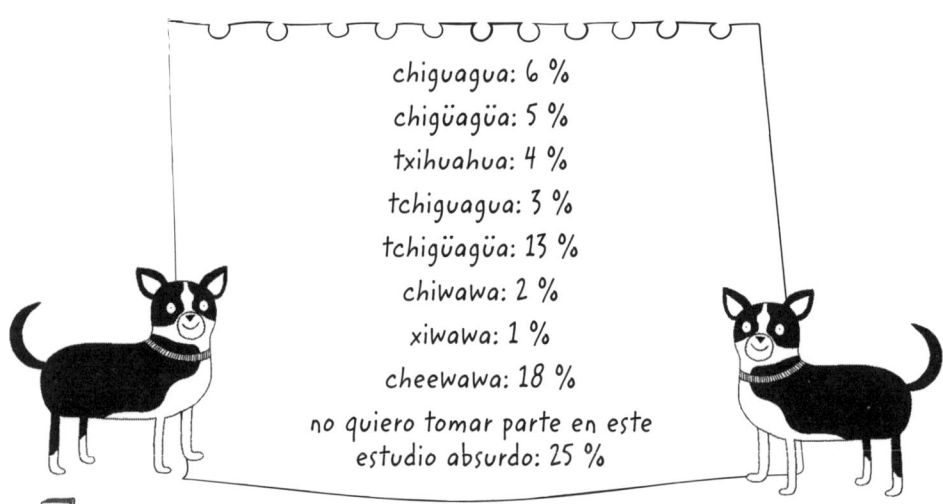

chiguagua: 6 %
chigüagüa: 5 %
txihuahua: 4 %
tchiguagua: 3 %
tchigüagüa: 13 %
chiwawa: 2 %
xiwawa: 1 %
cheewawa: 18 %
no quiero tomar parte en este estudio absurdo: 25 %

También se le preguntó a un grupo de **cien profesores** de universidad. Pese a contarse entre las mentes más **brillantes** del mundo, solo el 9 % sabía escribir «chihuahua» correctamente.

Aún más extraño, más del 11 % de esas mentes pensaba que se trataba de un perro **imaginario** y que, por tanto, no había una manera correcta de escribir su nombre.

El chihuahua es, por supuesto, originario de **México,** y por eso ayer telefoneé a un amigo mío mexicano para preguntarle cómo se escribe «chihuahua». Me respondió que él tampoco sabía cómo escribirlo, pese a que vivía en **un lugar** llamado Chihuahua, así que tendría que saberlo.

Como **investigación final,** he preguntado a cien auténticos chihuahuas cómo se escribe «chihuahua».

El 23 % respondió «guau».

El 32 % siguió durmiendo.

El 47 % hizo una caquita muy discretita en mi zapato.

Cómo hacen sus necesidades: página 28

Todos los perros descienden de los lobos: página 106

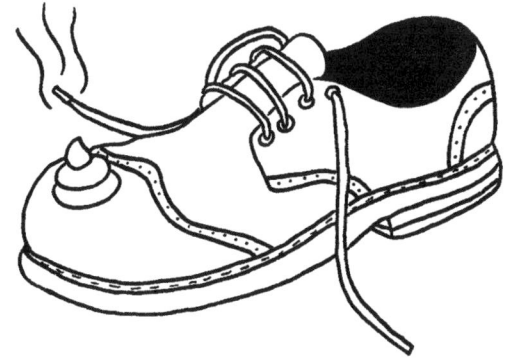

Los ponis salvajes de Galicia

Hace un par de años, estaba yo acampando en las montañas de Galicia cuando decidí hacer una **excursión** con mi perra. Carolina es una excelente escaladora. Hasta el momento ha subido **más** de cuarenta montañas.

Al cabo de un rato, todo se oscureció de tal manera que yo no veía dónde posar el pie. Así que monté la tienda de campaña, preparé algo de cena y me eché a dormir.

Pero en medio de la noche me despertaron una especie de **bufidos.** Asomé la cabeza y vi un grupo de caballos salvajes que rodeaban la tienda. Así que salí y les dije que se fueran, pero había un macho grande al que no le daba la gana de irse. Creo que **no le gustaba** que yo me hubiera quedado a dormir en su campo.

El caso es que aquellos no eran de esos ponis tan majos que la gente cuida y saca de paseo. Eran **ponis salvajes** sin dueño, y yo estaba asustado. El macho estaba allí, todo tieso, escarbando el suelo con la pezuña, bufando y, lo peor de todo, expeliendo por detrás unos descomunales... **«airecillos».**

Me encontraba a dos horas de camino de mi coche, no había cobertura telefónica y no tenía a nadie conmigo (aparte de Carolina). Al final, cogí una cazuela y una cuchara e hice todo el ruido que pude, **golpeando** la cazuela con la cuchara:

Al cabo de media hora de concierto, el caballo se aburrió y **se fue.**

Esa noche **no** dormí mucho.

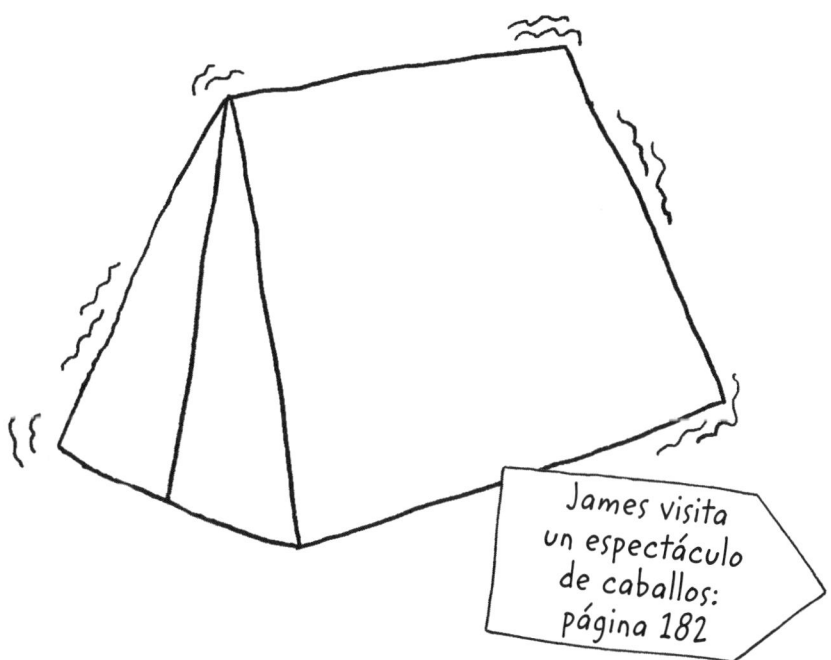

James visita un espectáculo de caballos: página 182

Perros pequeños frente a perros grandes

Por regla general, yo prefiero los perros grandes a los pequeños. Los perros grandes suelen ser **muy majos.** Los perros pequeños son **ladradores** y molestos. A los perros grandes les encanta echarse en el suelo y que les hagas cosquillas en la barriga.

A los perros pequeños les gusta **perseguir** coches. Pero ¿por qué lo hacen? No creo que vayan a atraparlos. Tendrían que fabricar motocicletas para perros pequeños. De ese modo, podrían perseguir coches, ladrar y atrapar alguno.

Si un perro pequeño llegara a atrapar un coche... no sé lo que haría con él. Seguramente ladrarle y nada más.

Cosquillas en la barriga: página 79

Mascotas que se vuelven majaras: página 58

El spaniel

Los spaniel son **increíbles**. Normalmente, tienen las orejas más grandes que la cabeza. Eso les da un aspecto muy mono, pero no de gran inteligencia.

Es difícil tomarse a alguien en serio si tiene las orejas más grandes que la cabeza. Imagínate si tu maestra tuviera esas orejas. ¿Prestarías atención a algo de lo que dijera?

Algunos spaniel tienen las orejas **tan tan grandes** que si volvieran aprisa la cabeza se darían de bofetadas ellos mismos. Otros spaniel tienen orejas **tan largas** que, cuando andan por ahí olfateando, a veces se las pisan. Imagínate si te pisaras **tus propias** orejas.

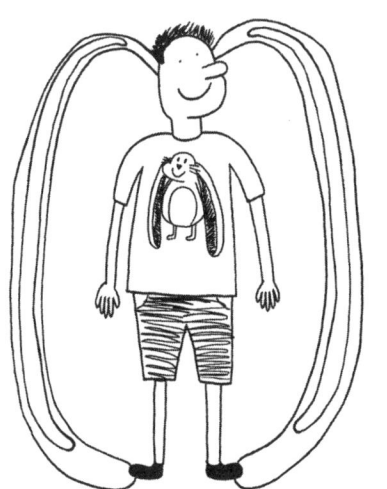

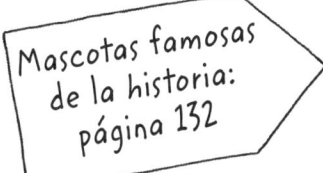

Mascotas famosas de la historia: página 132

Perros mediomedio

Siempre está bien encontrarse perros que son medio una cosa y medio otra. Se les solía llamar **«cruzados»**. Por ejemplo: «Mi perro es un pastor alemán cruzado con labrador».

Me hace gracia siempre que oigo «mi perro es cruzado», porque me lo imagino en las Cruzadas, vestido de **caballero medieval**.

Pero ahora los perros cruzados están de **moda** y **son caros** y se les llama cosas como...

> Mascotas famosas de la historia: página 132

> Cosas ilegales que aún no puedes hacer sobre un caballo: página 110

Canihuahuas

Doble doodle

Bullpug

Chiweenie

Labraniches

No se lo digas a nadie, pero algunos de estos perros me los he inventado.

También llamo a estos perros **«perros maleta»**,
al modo de las «palabras maleta»
que inventó Lewis Carroll
y que se forman juntando dos palabras.

Alergia a las mascotas: página 192

Mi mediomedio o perro maleta favorito
es el **labraniche.** El labraniche es medio labrador medio caniche,
cosa que, por lo visto, lo hace poco alergénico y realmente caro.

Según mis investigaciones, cuando uno cruza dos animales, dispone normalmente de dos maneras de llamar a sus cachorros. Si uno cruza leones y tigres, por ejemplo, puede tener un **leonigre** o un **tigreón.** Eso depende de quién sea la mamá y quién sea el papá.

Si el papá es un león y la mamá es una tigresa, tienes un **tigreón.**

Si el papá es un tigre y la mamá es una leona, tienes un **leonigre.**

Y, por eso, un **labraniche** tiene un papá caniche y una mamá labradora.

Pero si fuera **al revés**, tendrías...

¡UN CANIBRADOR!

Para mí esto suena mucho más **emocionante**.
Suena menos a perro y más a un artilugio mecánico lleno
de resortes. Sí, el típico artilugio que, mientras te estás preguntando
lo que es, empieza a hacer ruido y a echar humo.

¡Cuidado! Yo tampoco tengo **ni idea**
de cómo funciona ni para qué sirve,
pero creo que podría estallar
de un momento a otro.

Deportes raros: página 218

Cosas que han destrozado las mascotas: página 220

Salchichismo canino

Soy un gran aficionado a los **deportes raros**. Todos los años asisto al Campeonato de **Piscilanzamiento** que tiene lugar en el pueblo de al lado.

Los domingos por la tarde, si tengo reunión familiar, siempre llevo mi equipo de jugar al **cochibolos**.

Sin embargo, mi deporte raro favorito es...

el salchichismo canino.

Si tienes perro, un montón de salchichas que no te vas a comer y **nada** mejor que hacer, tal vez quieras probar este raro deporte:

Inventé este deporte en Australia un día que estaba **muy aburrido.** Yo estaba trabajando en un programa sumamente largo donde tenía que pasarme el día entero presentando a señoras mayores que cantaban canciones sobre peces, a mamás que bailaban en leotardos que les sentaban como un tiro y a hombres enfadados que leían poemas sobre zapatos.

En medio de todas esas cosas, yo intentaba mantener despierto al público. Así que introduje el tema de lo **difícil** que es darle un **salchichazo** en la cabeza a un perro.

La dificultad estriba en que la salchicha tiene que hacer contacto con la cabeza del perro, pero el perro suele **comérsela**.

En aquel festival había muchísimos perros y **un puesto de salchichas**. Convencí al puesto de salchichas de que nos donara unas cuantas salchichas y fui a la emisora de radio local para anunciar «el primer campeonato mundial de salchichismo canino».

Fue un **éxito** enorme, y el vencedor fue el amo de un terrier ciego.

Si quieres montar **tu propia** competición, solo necesitas un montón de amigos que vayan a verte con su perro y freír unas cuantas salchichas. Hay que esperar a que las salchichas se enfríen y después a ver quién es capaz de tocar la frente de su perro **tres veces** con una salchicha.

Si quieres, hasta puedes hacer una **fogata** y cocinar las salchichas en ella. **¡Qué ricas!**

El salchichismo canino es un deporte muy **popular** en México, donde usan **chihuahuas** y **chipolatas**.

Con quién jugar a qué: página 48

Cómo hacer una fogata: página 140

El perro salchicha: página 78

Deportes raros: página 218

Perros que arrastran el trasero

De vez en cuando notarás que tu perro se sienta apuntando con las patas de atrás hacia delante y usando las patas de delante para arrastrarse por la alfombra. Cuando hace esto, normalmente pone una cara **muy rara**. Si los perros hablaran, creo que en esos casos dirían:

Ya sé que es raro lo que estoy haciendo, pero no lo puedo evitar.

Arrastrar el trasero es una de las cosas **más raras** que hacen los perros. Si nunca has visto hacerlo a ninguno, haz el favor de buscar *«funny compilation of dogs wiping their bums»*. ¡Es la repanocha!

Pero **¿por qué lo hacen?** Seguramente es por alguno de los motivos siguientes:

1. Porque es la alfombra **de tu madre.**

2. Porque **les pica** el trasero y están intentando rascárselo (en la alfombra de tu madre).

3. Porque **se aburren** muchísimo y están jugando a un juego que solo entienden los perros (usando la alfombra de tu madre).

4. Porque **intentan divertirte** imitando un pavo de Navidad (mientras estropean la alfombra de tu madre).

Problemas con mascotas: página 54

Todos los perros descienden de los lobos

Pues sí. Cuesta creerlo cuando uno mira un chihuahua, pero todos los perros son tatara... tatara... tatara... **un montón** de tataras... nietos de los lobos.

Por lo visto, algunos lobos empezaron a seguir a las personas hace unos **130 000 años** porque querían convertirse en mascotas. Con el tiempo, empezamos a desarrollar lobos, eligiendo a algunos para que tuvieran cachorros de todas las distintas clases de perro que nos apetecía. Unas personas querían perritos pequeños, otras querían perrazos enormes. Unas querían perros amables que cuidaran de los niños. Otras querían perros que dieran miedo y mantuvieran a raya a los enemigos.

Chihuahuas: página 88

Cómo hacer una fogata: página 140

Los perros y el fuego: página 72

Distintas razas de perro proceden de diferentes personalidades de lobo. En una manada de lobos salvajes, cada lobo tiene un trabajo particular que hacer. Algunos lobos tienen un sentido del olfato increíble, y su trabajo consiste en olfatear presas como conejos o ciervos. Los nietos de esos lobos son ahora perros **rastreadores**: sabuesos, spaniels, etcétera.

Otros lobos tenían el trabajo de juntar a las presas, rodearlas y mantenerlas juntas. Estos lobos se terminaron convirtiendo en perros **pastores**. Y otros lobos tenían el trabajo de perseguir a las presas. Eran los más rápidos, y sus descendientes son los **galgos**.

No estoy seguro de qué tipo de lobo descendió hasta convertirse en **el idiota peludo** de orejas enormes que arrastra el trasero por mi alfombra y después se sienta en un rincón y se come mi pijama...

Pero puede que hasta una manada de lobos necesite a alguien que haga **reír** a los demás. Ese es el tipo de lobo que sería yo, me imagino.

Cosas que han destrozado las mascotas: página 220

Perros: página 69

Gran danés

El perro real **más grande** del mundo es el gran danés. El perro imaginario más grande del mundo es el **perro-hamburguesa** mega-triple. Esta raza se halla en las cadenas de comida rápida y desciende de perros carroñeros relativamente pequeños que comían sobras de los contenedores de basura que había detrás de los puestos de perritos calientes. A lo largo de cien años, han ido creciendo **más y más** a base de una dieta hipercalórica e hiperproteínica. Actualmente, la mayoría de los perros-hamburguesa mega-triple han sido apresados y confinados en casetas especiales del tamaño de una casa humana. Pero algunas de estas magníficas bestias aún se pueden encontrar merodeando en los aparcamientos de los restaurantes americanos, acechando para abalanzarse no solo sobre la comida de un cliente, sino sobre el cliente mismo.

> Perros mediomedio: página 96

El gran danés es realmente **enorme** y se desarrolló originalmente para trabajar en fábricas de pianos, pero hoy día se usa más que nada en las mudanzas, para transportar los frigoríficos y otros muebles grandes.

El gran danés se confunde a menudo con una obra de Shakespeare que se titula **Hamlet.** Hamlet es el nombre del príncipe de Dinamarca, y los nativos de Dinamarca se llaman **daneses.** Así que la gente de teatro a menudo llama a Hamlet «el gran danés».

Por eso, si quieres un gran danés, tienes que asegurarte de que **no** se lo compras a nadie del mundo del teatro. Sin querer, podrías descubrir que has adquirido un tipo vestido con mallas y que no consigue decidir si ser un ser o no serlo.

Quién es Shakespeare y por qué es bestial: página 142

Perros: página 69

Mascotas que pueden desempeñar un oficio: página 172

Cosas ilegales que aún no puedes hacer sobre un caballo

La mayor parte de la gente usa a los caballos para divertirse de algún modo, pero a lo largo de la historia muchos caballos han sido usados con **propósito delictivo...**

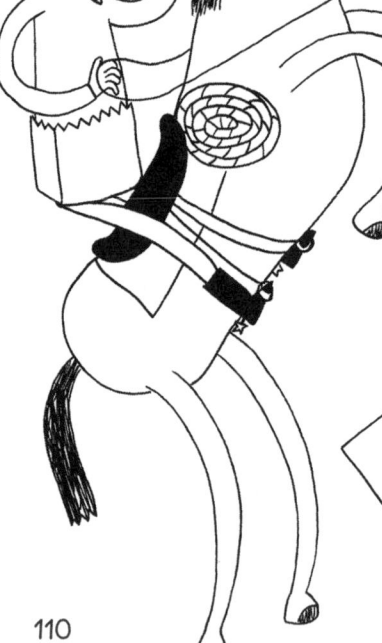

En el Salvaje Oeste, muchos vaqueros robaban caballos. Los llamaban **cuatreros**, aunque no se dedicaban a los cuatros. **Dick Turpin** fue un famoso salteador de caminos que robaba a la gente montado en un caballo.

Diferentes razas de caballos: página 20

Los ponis salvajes de Galicia: página 90

Lady Godiva se hizo famosa por montar un caballo desnuda. Según mis investigaciones, Lady Godiva vivió en el **siglo** XIII y, para protestar contra los impuestos, cabalgó desnuda por las calles de Coventry (Inglaterra) a lomos de su caballo, solo cubierta por su largo cabello. En aquellos tiempos, todo el mundo se quedó **muy impresionado.** (Hoy día le darían un aplauso y una galleta).

Los habitantes de Airecillo de la Sierra (provincia de Segovia) presumen de contar con su propia versión de **Lady Godiva**. Según el Museo del Aire de Airecillo de la Sierra, una dama llamada Susana Laura de Pico y Pala recorrió desnuda las calles de Segovia en **1974** como protesta contra no sé qué, pero por lo visto iba montada en **bici**, no en caballo, así que no debería estar en este libro.

Según la **ley** española, hacer algo ilegal montado a caballo sigue **siendo ilegal.** No hay nada que vaya contra las leyes que, sin embargo, puedas hacer montado a caballo, excepto participar en una **carrera de caballos.** (¡Participar en una carrera de caballos sin caballo es ilegal!).

Museo del Aire de Airecillo de la Sierra: página 168

Cosas que no deberían estar en este libro: página 239

Perros mediomedio: página 96

Ponis: página 178

Las siguientes cosas, sin embargo, son **especialmente ilegales** si se hacen montado a caballo y en algunos países están castigadas hasta con cadena perpetua:

1. Ir por un sendero solo para caminantes, montado a caballo.
2. Viajar a más de 120 km por hora, montado a caballo.
3. Pescar bacalao sin permiso, montado a caballo.
4. Hacer destrozos en una parada de autobús, montado a caballo y vestido de caballero medieval.
5. Hacer listas de mentiras, montado a caballo.

Cosas que proceden de Sudamérica

Todo el mundo sabe que los **conejillos de Indias** proceden de **Sudamérica**, pero ¿qué más viene de allí?

Bueno, un montón de materias primas como el **aluminio** y el **cobre** proceden de Sudamérica. Y un baile llamado **tango**, eso también viene de Sudamérica. Además, Sudamérica tiene, en el medio, el enorme bosque tropical del **Amazonas.** Así que mucho de nuestro **oxígeno** viene de Sudamérica. Seguramente, deberíamos ayudarles a cuidarlo lo mejor que podamos.

Una de las mascotas más interesantes que proceden de Sudamérica es la **chinchilla.** Se trata de un animal pequeño, muy esponjoso, que parece un **gorro con patas.** Las chinchillas son una verdadera monada, pero no aparecen mucho en este libro. Si quieres ver chinchillas moviéndose por ahí, busca *«chinchilla compilation: fluffy, cute and funny chinchillas».*
Son la monda.

Mascotas que no aparecen mucho en este libro: página 236

Mascotas imaginarias imposibles: página 227

Peces imaginarios

Hay, y no estoy exagerando, **miles** de clases de peces. Algunos suenan tan ridículos que parecen inventados. Otros son realmente inventados. Aquí están **los que he inventado yo:**

Cabreacho de ojos azules

Se trata de un pez de **muy mal talante** que mira a la gente de manera rara con sus brillantes ojos azules.

Pez semáforo

Se trata de un pez **luminoso,** de color rojo, amarillo y verde, que regula el paso de otros peces para que no se choquen.

Pez cuchara

Otros peces **lo utilizan** para comer yogur sin que él se dé cuenta.

Pez a la plancha

Este pez tiene **ya** aspecto y sabor de pescado a la plancha, sin necesidad de cocinarlo.

Real Sociedad de Animales Ficticios: página 174

Pececitos de colores: página 196

Vacaciones en la Luna: página 148

Gatos

Los gatos son unos seres extraños y peludos que, sin ningún género de dudas, proceden **de otro planeta.**

Algo que decididamente **NO** debes hacer con ellos es **malabarismos.** Es prácticamente imposible, y se pondrán muy furiosos. Resulta mucho más fácil empezar con gatitos pequeños y después ir acostumbrándote a los gatos crecidos.

SI HACES MALABARES CONMIGO, TE MATARÉ

Qué demonios es el latín y por qué demonios tendría que interesarte: página 212

Los gatos tienen muchos rasgos y costumbres **raros**. Uno de ellos es que su lengua está hecha de **papel de lija** y, si consigues convencer a uno de que te lama los pies, te empezarás a reír y reír y reír hasta derretirte. A los gatos les encanta **lamer los pies**, así que lo harán durante diez minutos sin parar.

¡Esto **no es mentira!**
Busca «*cat licks toes for ten minutes*».

Distintas razas de gatos: página 124

Bandejas de arena: página 28

Comienzo: página 9

Diez cosas que no sabías sobre los gatos: página 131

Cuento de James para mascotas malitas

Si tu mascota está malita, mala cosa. Algo que puedes hacer por ella es leerle este cuento que he escrito **especialmente** para esta ocasión.

Érase una vez una familia de ratones que vivía en un campo. Los ratones eran **muy felices** y les encantaba acurrucarse en su nido y hacer concursos de pedines.

Un día, sin embargo, un ruido terrible asustó a los ratones. Vieron otros ratones que pasaban corriendo delante de ellos y comprendieron que estaban **segando el campo.** Rápidamente, hicieron el equipaje y echaron a correr ellos también.

No tardaron en salir del campo. Siguieron andando hasta que se encontraron, de repente, un viejo **cobertizo.** Tenía las paredes llenas de agujeros, así que los ratones no tuvieron dificultades para entrar. Una vez dentro, se hicieron una casita con paja y otras cositas que había por allí.

Un día se abrió la puerta del cobertizo y entró un hombre viejo. Los ratones se escabulleron a toda prisa. Desde sus escondites vieron cómo el anciano se acercaba a una gran lona marrón que cubría **algo bastante grande** en un rincón.

Cuando quitó la lona, vieron que debajo había **un coche** clásico que el hombre estaba reconstruyendo. Cada mañana, durante meses y meses, el viejo acudió al cobertizo a trabajar en su coche. Desenroscaba una tuerca y la cambiaba por otra nueva. Limpiaba y abrillantaba cada pieza, jugueteaba con ella, la reparaba o la soldaba.

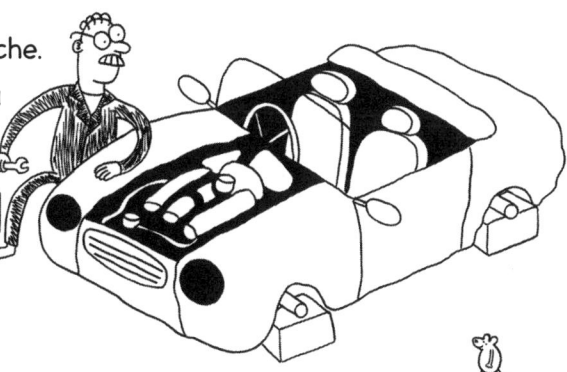

Conforme pasaba el tiempo, a los ratones les entraba cada vez **más curiosidad** y se acercaban más y más al viejo y a su trabajo. Un día sucedió lo inevitable: el viejo vio a uno de los ratones.

«¡Dios mío!», dijo, «¿qué tenemos aquí? ¡Es un ratoncito que comparte el cobertizo con mi coche!». El ratón estaba **muy asustado,** pero el viejo se mostraba amable. «Supongo que tendré que prepararte una casita, ¿no?».

El viejo hizo una caja de madera y la llenó de paja para que la familia del ratón tuviera una casa en condiciones.

Colocó la caja de tal manera que los ratones pudieran verle trabajar en el coche a través de las ventanas.

Los ratones se quedaron **fascinados** con las herramientas y chismes que usaba, y terminaron ayudándole, pasándole la llave o la carraca que necesitaba en cada momento. Al cabo de seis meses, y gracias al duro trabajo del viejo y a la ayuda de los ratones, el coche estaba terminado.

«No lo habría podido hacer sin vuestra ayuda», les dijo el viejo a los ratones. «Deberíamos salir a dar una vuelta».

Dicho y hecho, los ratones treparon al coche y el viejo los llevó a la **orilla del mar,** donde comieron perritos calientes y helados.

Puede que siguieran viviendo **aventuras.** Y tal vez tú las puedas imaginar para contárselas también a tu mascota enferma.

Mi mascota está mala: página 68

Veterinarios: página 225

Distintas razas de gatos

Unos los llaman **mininos**, otros los llaman **adorables cositas peludas.** Puedes averiguarlo todo sobre las diferentes razas de gato en internet o en tu biblioteca. Mis favoritas son: **birmano, balinés, himalayo** y **bosque de Noruega.**

Qué demonios son las bibliotecas: página 159

El **bosque de Noruega** no debería confundirse con el **gato noruego del bosque,** que es una especie completamente imaginaria. Yo tuve una vez un gato noruego del bosque, o tal vez debería decir que él me tuvo a mí. La cosa me desbordó completamente, y terminé durmiendo en la bañera.

Razas de gatos imaginarios: página 216

Tener un gatito

Tener un gatito es **muy emocionante.** Lo principal que tienes que hacer es ayudarle a asentarse, así que tienes que **acariciarlo y quererlo.**

Hay quien unta con **mantequilla** las patas del gatito. No importa cómo sea el gato; lamer la mantequilla de las patitas para limpiarlas es algo que le hará feliz. Busca «*cat licks butter*» y lo verás por ti mismo. Puedes experimentar con otros alimentos untables... Me pregunto si a un gatito le gustaría encontrarse **crema de queso** en los pies. A mí sí, de eso no me cabe duda.

No recibas a tu nuevo gatito ofreciéndole un **pepino.** Por lo visto, a los gatos les dan miedo los pepinos.

Experimentos seguros y éticos que puedes realizar con tu mascota: página 40

¿Los gatos tienen miedo de los pepinos?: página 66

Otras costumbres y características raras de los gatos

Los gatos pueden ser pequeños y esponjosos, pero ellos se creen **ninjas**.

Tal vez tu gato se llame Lolita o Amapolo, pero ellos para sí se llaman Terminator o Robocop.

Diez cosas que no sabías sobre los gatos: página 131

Una de las cosas **más raras** de los gatos son sus **párpados.** Si miras de cerca a un gato, te darás cuenta de que no parpadean. Nunca. Intenta retar a un gato a ver quién aguanta más la mirada. Vas a perder. Al cabo de 20 segundos, las lágrimas te correrán por las mejillas, y el gato seguirá allí, tan pagado de sí mismo.

Eso es porque los gatos tienen párpados **transparentes,** que son una especie de tercer párpado llamado **«membrana nictitante».** El caso es que están parpadeando todo el tiempo, **¡aunque no lo vemos!** Busca un vídeo llamado *«epic cat stare».*

Otra cosa rara sobre los gatos es que tienen la lengua como **papel de lija.** Deja que un gato te lama la mano. Es como si te atacara un **árbol de Navidad.** El motivo de tener esa lengua es usarla como una especie de **velcro** para adherir la cara a las paredes de ladrillo.

Seguramente **lo más famoso** que todo el mundo sabe sobre los gatos es que siempre **caen de pie.** Eso ocurre porque el lomo del gato tiene un modo muy hábil de darse la vuelta, de manera que siempre pueden poner los pies debajo.

Dicho esto, si te metes en internet y buscas *«epic cat fails»* (que yo sepa, si se inventó internet fue para que la gente pudiera ver vídeos de gatos haciendo tontadas), encontrarás montones de pruebas de que los gatos no siempre caen de pie.
Ni mucho menos.

Y, por último, los gatos hacen otra cosa rara con las patas cuando se te sientan encima. Parece que **te dan masajes,** con una pata después de la otra. Por lo visto, eso lo hacen porque creen que de ese modo te pueden **sacar leche**.
Y eso demuestra de una vez por todas lo raros que son los gatos.

Nombres geniales para todo tipo de mascotas

¿**N**o sabes qué nombre ponerle a tu mascota? Aquí está mi **guía para ayudarte a encontrarlo.**

Los nombres de **perro** más comunes son Luna y Laika. Pero puedes encontrar algo más original. ¿Qué tal algo gastronómico, como Garbanzo o Quesito? O ¿por qué no darle a tu mascota un nombre sacado de tu libro o película favoritos? ¿Por qué no llamar a tu hámster Voldemort, o Calamardo a tu gatito?

Se burlarán de mí.

En mi opinión, todos los **gatos** tendrían que llamarse Bonaparte o Corleone.
Y si yo tuviera una **oveja** o una **cabra**, la llamaría La NASA.

Con quién jugar a qué: página 48

Diez cosas que no sabías sobre los gatos: página 131

Teoría de la Conspiración Hamsteriana: página 222

Diez cosas que no sabías sobre los gatos

1. Los gatos tienen miedo de los **pepinos**.
2. Todos los gatos descienden de los **extraterrestres**.

> ¿Los gatos tienen miedo de los pepinos?: página 66

3. Los gatos no son gatos de verdad. Sus parientes más cercanos son los **escarabajos**.
4. El 46 % de las gatas se llaman **Lolita**. El otro 54 % se llama **Caty**.
5. El mejor nombre para un gato es **Micifuz**.
6. La mayoría de los gatos se darían cuenta de que **les gustan** los perros si se tomaran el tiempo suficiente para llegar a conocerlos.

> Nombres geniales para todo tipo de mascotas: página 130

7. Los gatos son alérgicos a los **donuts**.
8. Algunos gatos son capaces de maullar el **alfabeto al revés**.
9. Si te quedas sin **papel de cocina**, puedes usar un gato para limpiar líquidos o comida caídos al suelo.
10. Se puede enseñar a los gatos a **bailar** al son de la música, lo mismo que a los caballos.

Mascotas famosas de la historia

El almirante **Lord Nelson** tenía un conejillo de Indias que se llamaba **Trafalgar** que solía guardar dentro de su chaqueta. En la mayor parte de los retratos que se ven de Nelson, aparece metiendo la mano entre los botones para hacerle cosquillas al conejillo de Indias.

Lord Byron era poeta, nadador de larga distancia y coleccionista de **mascotas raras.** Por lo visto, en una ocasión tuvo una **jirafa** en su casa y cuando iba a la Universidad de Cambridge (que es básicamente un cole grande) se llevaba con él a su **oso.**

¡A SU OSO!

Intenta buscar esto en internet o en tu biblioteca: ¿cómo guardar un oso **en el cole?** ¿Tendría una habitación o lo dejaría en su taquilla?

Yo intenté una vez llevar unos **renacuajos** al cole y la mitad se me cayeron de la ensaladera por el camino. La otra mitad tuvo una pinta triste durante las dos semanas que pasó en el alféizar, y yo me preguntaba si debía echarlos al váter y tirar de la cadena o soltarlos en el estanque del cole.

Y no eran más que renacuajos. ¿Cómo demonios se podría cuidar a un **OSO** en el cole?

¿Quizá Byron lo dejaba en su **bañera?**

> Complicaciones de tener animales en el cuarto de baño: página 56

O tal vez le enseñó a **abrazarlo fuerte** y quedarse quieto del todo de tal manera que Byron pudiera fingir que se trataba de su **abrigo.**

¿Qué comería el oso en el cole? ¿Se comería todos los **palitos de surimi**?

Otro famoso propietario de mascotas era el **maharajá de Junagadh**. Lo más increíble: tenía **800 perros** y no usaba zapatillas.

El rey **Carlos II** quería tanto a su **perro** que empezó a parecerse a él. (Esto le pasa a mucha gente).

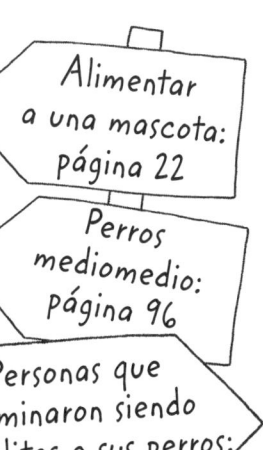

Alimentar a una mascota: página 22

Perros mediomedio: página 96

Personas que terminaron siendo clavaditas a sus perros: página 176

Tiburones tigre

FELICIANA, DE ALBACETE, CUIDA TIBURONES TIGRE EN SU BAÑERA

—Quería comprarme unos pececitos de colores —dice Feliciana—. Pero encontré estas preciosidades en una página web. Eran tan monos que no me pude resistir.

De ese modo, Feliciana acabó llenando la bañera de tiburones tigre, cosa muy poco práctica. Feliciana vive en Chinchilla de Monte-Aragón, provincia de Albacete, con su anciana madre, tres gatos y dos tiburones tigre adultos.

En libertad, los tiburones tigre tienen una amplia dieta que comprende crustáceos, peces,

focas, pájaros, calamares, tortugas y hasta delfines.

Feliciana, sin embargo, les da a sus tiburones tigre comida de gato, tarta de queso y esas olorosas y espumosas bombas de baño que le regalas a tu madre el día de la madre.

Los tiburones tigre tienen una vista excelente, así que uno de los inconvenientes de tener tiburones tigre en la bañera es que, cada vez que ella se da una ducha, siente como que la miran.

—Sin embargo, como aspecto positivo —dice Feliciana—, me encanta mirarlos cuando estoy sentada en el váter. Es muy relajante verlos dar vueltas a la bañera, amenazantes, y cuando uno de ellos salta en el aire enseñando los dientes, ayuda a mover el intestinaje, no sé si me explico.

Feliciana está tan encantada con sus tiburones tigre que está pensando en comprar un par de tiburones blancos para que les hagan compañía. Le pregunto si piensa que hay sitio suficiente para más tiburones.

—Mm —dice mordiéndose el labio inferior—. ¡Me parece que vamos a necesitar otra bañera más grande!

Complicaciones de tener animales en el cuarto de baño: página 56

Hámsteres

El nombre científico de los hámsteres es **«cricetinae»**.

Un hámster es seguramente la mascota **más barata** que puedes adquirir (con la posible excepción de los piojos). También es la que ocupa menos espacio (con la posible excepción de los piojos).

piojos

Los hámsteres son la mascota **perfecta** para la gente que no tiene mucho sitio. Hay gente que vive en una ciudad y que no tiene jardín. Pero, realmente, casi todo el mundo puede tener un hámster. Comprueba el «Organigrama para elegir mascota» para ver si el hámster es la mascota que te conviene.

El principal **problema** de los hámsteres es que no viven mucho tiempo. También tienen tendencia a reproducirse **muy aprisa...**

Lo bueno es que se les puede enseñar a correr por tu pelo y **comerse los piojos.**

> Qué demonios es el latín y por qué demonios tendría que interesarte: página 212

> Más sobre los piojos: página 214

> Organigrama para elegir mascota: página 18

Razas de hámsteres

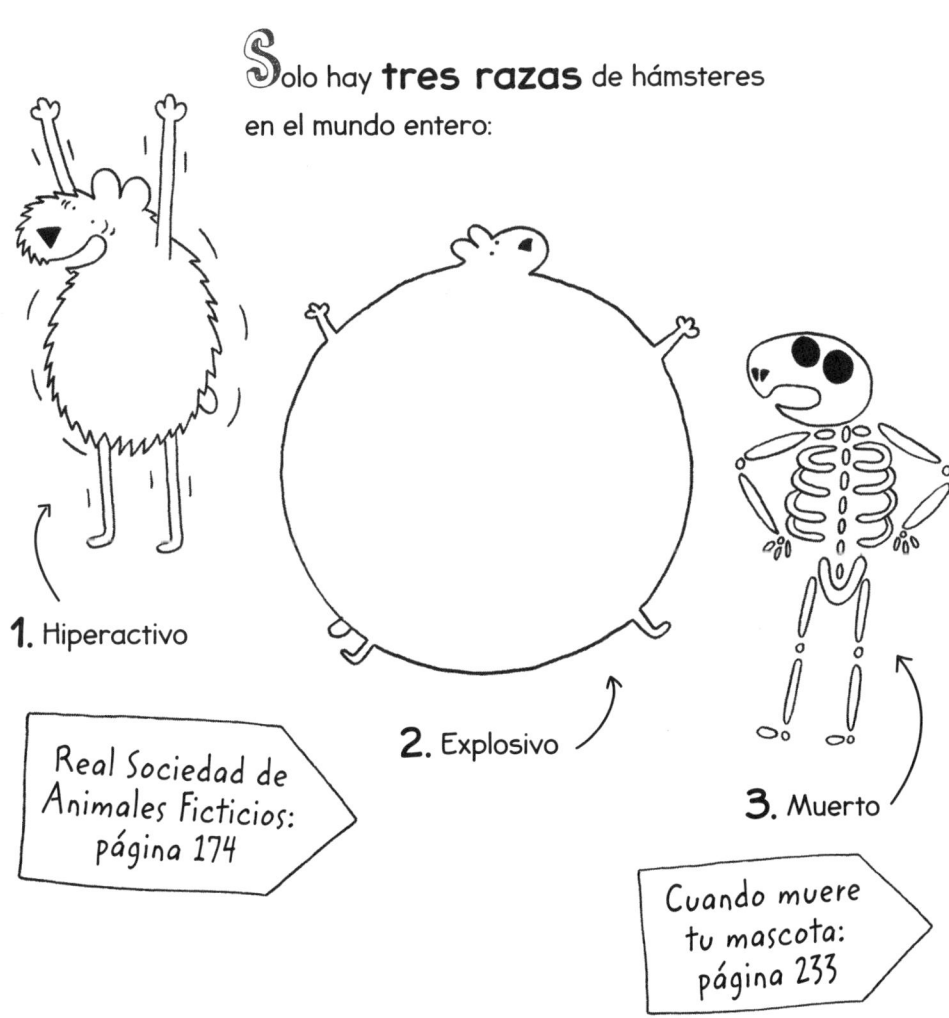

Solo hay **tres razas** de hámsteres en el mundo entero:

1. Hiperactivo
2. Explosivo
3. Muerto

Real Sociedad de Animales Ficticios: página 174

Cuando muere tu mascota: página 233

Cómo hacer una fogata

Lo más importante para hacer una fogata es la **seguridad**. Nunca debes hacer nada de esto sin la **ayuda de un adulto** responsable. Los seres humanos llevan decenas de miles de años haciendo fuego. Pese a lo cual, últimamente muchos de ellos han olvidado cómo se hace. La mejor manera de aprender es pedirle a un experto que te enseñe. Sin embargo, estos son los principios básicos...

> Cómo comprobar si un adulto es responsable: página 198

Asegúrate de contar con el **permiso** de los propietarios del terreno. Después, junta todo lo que vas a necesitar para la primera media hora de fuego. Necesitarás **yesca, ramitas, palitos** y **leña**.

La yesca es una cosa muy seca que prende muy fácil. Si no tienes, puedes usar papel, un montón de hierba seca o corteza de árbol. Las ramitas también sirven.

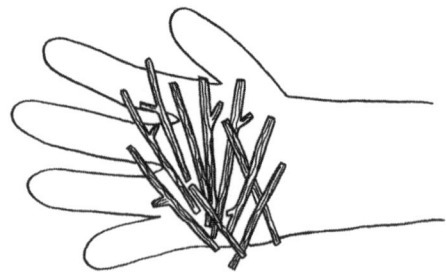

Prepara un **sitio** para encender el fuego **con seguridad**. Un círculo de piedras, por ejemplo. Después, pon un montoncito de yesca y enciéndela con una cerilla y la ayuda del adulto **responsable**. Vete añadiendo ramitas pequeñas poco a poco, con precaución para no quemarte.

Con cuidado, ve añadiendo palos cada vez más grandes hasta que tengas un fuego de tamaño decente. Y, recuerda, una persona lista enciende un **fuego pequeño** para calentarse. Un tonto enciende un fuego grande y se calienta yendo a buscar la leña. O, dado que este libro va sobre mascotas, esto debería decirse así: el gato enciende un fuego pequeño para calentarse. El perro enciende un fuego grande y se calienta yendo a buscar leña.

Advertencia: en cuanto enciendas el fuego, aparecerá un perro de no se sabe dónde y se colocará delante. **No lo pueden evitar.**

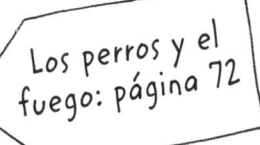

Los perros y el fuego: página 72

Quién es Shakespeare y por qué es bestial

La gente habla mucho de un tal **Shakespeare,** aunque lo pronuncian «Séspir».

> Shakespeare (Séspir) escribió obras de teatro y poemas a finales del siglo XVI y comienzos del XVII.

Obras como *Macbeth* y *Romeo y Julieta* son muy famosas y, si todavía no las conoces, créeme, las conocerás. Sobre Shakespeare (Séspir) se han escrito **millones** de libros, así que no voy a intentar yo contarte mucho más. Si quieres saber, busca en internet o vete a una **biblioteca**.

> Qué demonios son las bibliotecas: página 159

Solo te diré cinco cosas sobre Shakespeare (Séspir) que tengo muy claras:

1. Shakespeare (Séspir) **no lanzaba sespiros**. Bueno, alguna vez sespiraría, como todo el mundo, pero no se le llamaba Séspir porque sespirara mucho.

2. Mi obra de Shakespeare favorita es *El rey Lear*, y mi personaje favorito es el **bufón**. De hecho, este bufón es mi inspiración para mi trabajo.

Cosas que no deberían estar en este libro: página 239

Gran danés: página 108

3. En sus obras, una gran parte está escrita en **verso**, con un ritmo particular, muy interesante.

4. No **hay nada de aburrido** en Shakespeare. No dejes que los aburridos te aparten de Shakespeare. De hecho, no dejes que los aburridos te aparten de nada.

5. En sus obras de teatro, ha logrado cubrir **todos** los aspectos de lo que es **un ser humano**: los celos, la soledad, el amor, el temor, la ambición... Realmente todo. Si alguna vez experimentas alguna de esas **emociones** propias de un ser humano, pídele a alguien que conozca a Shakespeare que te señale la parte de su obra que te puede ayudar a comprender lo que sientes.

Esperanza de vida de los hámsteres

Aunque los hámsteres son unas mascotas **maravillosas**, tienen un pequeño **inconveniente:** no viven mucho. De media duran unos **dos años,** pero, para ser sinceros, ya tendrás suerte si consigues llegar a casa desde la tienda sin que se te muera por el camino.

Cuando tenía tu edad, yo tenía un hámster que me duró **media hora.** Como parte de las investigaciones que han conducido a este libro, le he preguntado a mucha gente cuánto vivían sus hámsteres, y algunos aseguran haber tenido hámsteres que han vivido **cinco** e incluso **seis años.**

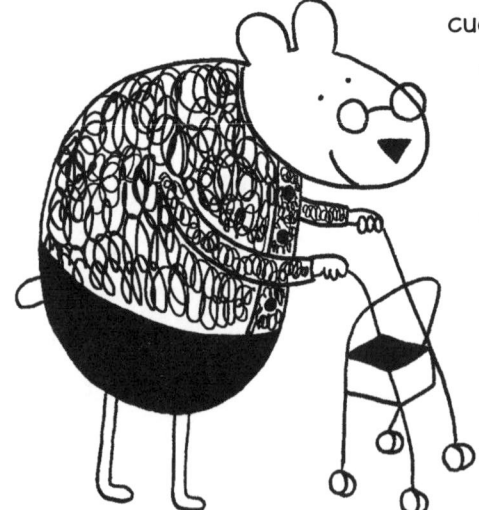

VHA (Venerable Hámster Anciano)

Es **imposible** que un hámster alcance los seis años. Cualquier hámster de esa edad tendría canas y llevaría gafas. Necesitaría un diminuto andador y un **subeescaleras eléctrico.**

Si tienes un hámster que tenga cinco o seis años, o si conoces a alguien que lo tenga, me temo que solo hay una explicación:

Teoría de la Conspiración Hamsteriana: página 222

Por qué tengo tantos hámsteres

—**H**ola —le dices al dueño de la tienda de animales—. Quisiera comprar unos hámsteres, por favor.

—Estás en el sitio adecuado —responde el hombre—. ¿Cuántos quieres?

—Me gustaría tener dos —dices tú—. Pero asegúrese de que sean hembras los dos, porque no quiero bebés.

—Sin problema. Estos dos son hembras.

—¿Está seguro?

—Completamente.

> Alimentar a una mascota: página 22

Te llevas los hámsteres a casa, los pones en una **jaula** con **comedero** y **bebedero** y todas las cosas. Todo perfecto. **Juegas** con tus hámsteres. Adoras a tus hámsteres. Les pones **nombre** y le hablas a todo el mundo de ellos.

Pero entonces uno de tus hámsteres empieza a **engordar**...

Y un día te das cuenta de que hay un **montón de bebés**.

«¿**P**or qué tengo tantos hámsteres?», te preguntas.

Bueno, lo que ha ocurrido es que el dueño de la tienda de animales **se equivocó.** No te vendió dos hembras. Por **error,** te vendió una hembra y un macho.

Yo no sé cómo ocurre, pero resulta que, si dejas juntos un hámster hembra y un hámster macho durante el tiempo suficiente (unos cinco minutos), fundarán una **familia** y muy pronto tendrás más hámsteres que dedos para contarlos. Lo único que puedes hacer en esta situación es regalárselos a amigos y parientes. Te deseo **mucha suerte.**

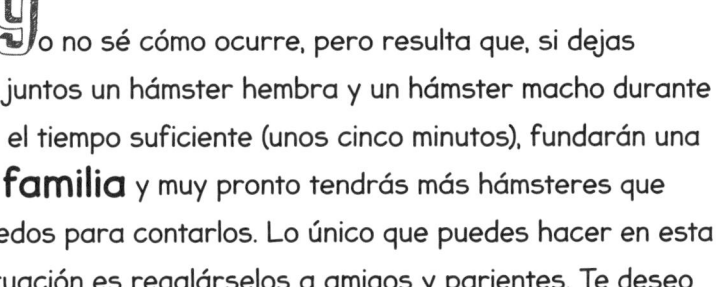

Hámsteres: página 138

Complicaciones de tener animales en el cuarto de baño: página 56

Problemas con mascotas: página 54

¡Adiós, mascota!: página 230

Vacaciones en la Luna

¡Imagina que te pudieras ir de vacaciones a la Luna! Ya sé que ahora no lo podrás comprender, pero cuando yo tenía tu edad, ningún inglés se iba de vacaciones al extranjero. Teníamos que quedarnos en las maravillosas playas de nuestro país, sobre la grava y bajo la lluvia. Ahora los niños se van a cualquier sitio del mundo de vacaciones. Así que, quizá, dentro de 20 o 30 años, ¡podamos pillar un **cohete espacial** e irnos a la Luna de vacaciones!

¿Qué harías allí?

Podrías pensar que no hay allí muchas actividades interesantes, pero resulta que hace unos años un grupo de **airedales** se asentó en la Luna y han puesto en marcha una exitosa empresa que ofrece **actividades a los turistas.**

El airedale: página 86

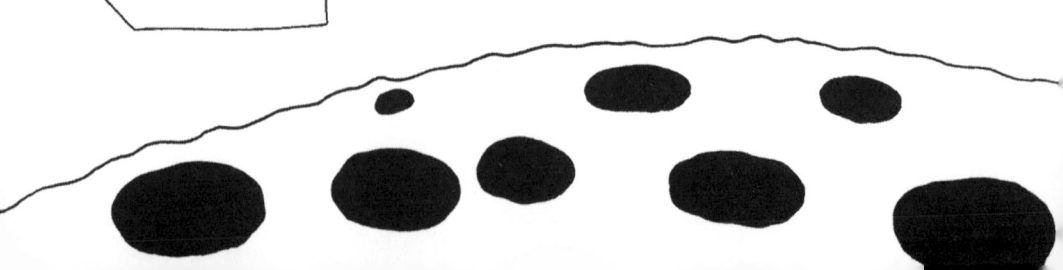

Podrías jugar al **minigolf**.

Podrías comer todo el **queso** que quisieras (porque, como todo el mundo sabe, la Luna está hecha de queso).

Podrías ir a pescar **peces lunares** de colores.

Peces imaginarios: página 116

Los perros y el fuego: página 72

Razas de perros imaginarios

Algunos perros tienen nombres **tan raros** que parece que se los haya inventado alguien. El chihuahua, por ejemplo, tiene uno de los nombres de sonido más absurdo que haya habido nunca, pero el caso es que es el nombre de una raza de perro real.

Aquí tienes algunas razas **completamente inventadas** y que no existen ni por el forro:

El sabueso transilvano

Este perro es muy útil **para perseguir vampiros** y raras familias de diminutos animales.

Truchero de orejas largas

Este maravilloso **cuadrúpedo** peludo corretea por la orilla de los ríos y se queda completamente quieto cuando ve un pez. (No es aconsejable este perro si tienes un acuario con peces de colores. Al principio te podría hacer gracia, pero después se volvería realmente **aburrido**. La gente se preguntaría por qué tu perro se pasa el tiempo apuntando al acuario con la pata y el hocico).

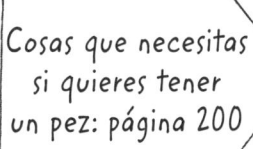

Cosas que necesitas si quieres tener un pez: página 200

El perro barca irlandés

Este extraño perro es muy **ancho y redondeado** y puede usarse como barca para cruzar ríos y lagos pequeños. Algunos perros barca irlandeses tienen una **cola especialmente plana**, que usan a modo de remo para propulsarse a velocidades de hasta **65 kilómetros por hora.**

Retriever informático de pelo corto

Este perro es más o menos como un golden retriever (perro que busca las piezas cazadas y se las lleva al cazador), solo que en este caso unas **almohadillas especiales** en la parte de abajo de las patas le permiten trabajar en pantallas táctiles y recuperar documentos y fotos que creías que habías perdido pero que, en realidad, estaban en algún lugar del disco duro.

Collie borde

Igual que un collie normal, pero **más borde.**

Tortupulidor de hocico redondo

Podrías pensar que este sería un perro de hocico redondo, que usa para dar brillo a los caparazones de las tortugas. Ni mucho menos: el tortupulidor de hocico redondo tiene el hocico **en forma de plátano** y tiene pavor a las tortugas y toda clase de animales con concha o cáscara, tales como los caracoles e incluso los huevos.

El terrier plato volador

Este perro es una **criaturita** encantadora que **se lanza** a sí mismo a larga distancia, se recoge a sí misma en medio del aire y luego vuelve al punto de partida. Nadie sabe muy bien por qué se comporta de esa manera, pero **es la monda**.

Sabueso langostero de Nicaragua

Este es un perro **de caza submarina** que puede usarse para coger marisco. El perro puede contener el aliento durante más de cinco minutos, y se le enseña a hundirse hasta el fondo del mar mediante unas piedras metidas en los calzones.

Perro ensaimada

Este es un **perro salchicha** extremadamente **largo,** con tendencia a curvar su largo cuerpo en una espiral que recuerda a la ensaimada mallorquina.

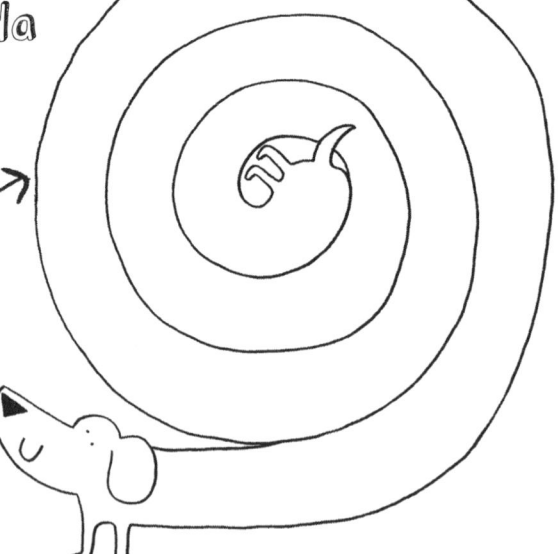

Buñuelo musical

Este perro es originario de los **Alpes austriacos.** Pese a que no parece más llamativo que un buñuelo, **es capaz de cantar** todo tipo de canciones usando unos músculos laringales especialmente desarrollados.

A los cachorros de buñuelo se les lleva muy pronto a Viena a escuchar **ópera** y **música clásica.** A la edad de un año, ya se saben de memoria un concierto entero de Beethoven y pueden imitar la mayoría de los instrumentos de la orquesta. En teoría, los buñuelos pueden aprender cualquier canción, pero tradicionalmente cantan Johann Sebastian Guach, Guastav Mahler y Richard Guagner.

Real Sociedad de Animales Ficticios: página 174

Chihuahuas: página 88

Perros mediomedio: página 96

Ataques de gatos: ¿por qué tienes esos arañazos en la cara?

Todo el mundo dice que los gatos son un cielo. Pero entonces **¿por qué** siempre veo a gente bajita con **arañazos** en la cara?

> ¡No...! ¿Qué te ha pasado? ¿Te has caído con la bici en una zarza?

> No, es que tengo un gatito.

> ¿Tu gatito le ha hecho eso a tu cara?

> Sí, ¿no es adorable?

> Tú lo adorarás, pero él a ti no.

Si tienes un gato, estoy seguro de que tu gato es adorable, pero yo no me creo que el gato te adore a ti de verdad. Yo creo que **solo les interesa la comida.** Claro que supongo que se podría decir lo mismo de la mayoría de los perros. Mi perro solo hace gracias si hay una galleta de por medio. Me pregunto quiénes son mejores, si los gatos o los perros.

¡Pero algo que decididamente cambia entre gatos y perros es lo que sucede si les haces **cosquillas en la barriga!**

Gatos contra perros: página 221

Mascotas que se vuelven majaras: página 58

Cosquillas en la barriga: página 79

Un pececito de colores en el váter:
CÓMO DARLE VIDA A TU TAZA

La mayor parte de la gente que tiene un pez de colores lo pone en una pecera o un acuario. Pero hay mucha gente a lo largo del mundo que ha empezado a tener un pez de colores en la taza del váter.

La principal ventaja de tener un pececito de colores en el váter es que no tienes que comprar una pecera ni un acuario.

Una de las desventajas de tener un pez en el váter es que no puedes utilizarlo sin hacer pis o caca encima de tu pez.
Y al pez eso no le hace gracia.

Pero la principal desventaja de tener un pececito de colores en el váter es que tienes que acordarte de no tirar de la cadena. Si lo haces, ¡tu pez desaparecerá para siempre!

Resumiendo: tener un pez en la taza del váter es una idea realmente idiota.

Qué demonios son las bibliotecas

Todas las ciudades y pueblos, y hasta algunas aldeas, cuentan con una **biblioteca.** Han existido durante cientos de años como lugar para guardar libros y almacenar **conocimiento.** Recientemente, las bibliotecas se las están viendo canutas, debido a que la gente tiende a buscar información más en internet que en los libros.

Pero estar en una sala llena de libros es algo **maravilloso.** Piensa simplemente en la cantidad de palabras que hay en una biblioteca. Cada una de esas palabras ha sido pensada, y elegida cuidadosamente, por decenas de miles de personas. Eso tiene que convertirla en un lugar **muy especial.**

Tal vez en las bibliotecas pueda ocurrir todo tipo de cosas, y esas cosas sean mejores por ocurrir **rodeadas de libros.** De vez en cuando, se utiliza una biblioteca para impartir talleres de poesía o lecciones de ukelele. Algunas veces van allí escritores a hablar sobre sus libros o cuentacuentos a contar sus cuentos. Y todas estas actividades son **mucho mejores** por el mero hecho de suceder en una biblioteca.

Me pregunto si el **bádminton** sería mejor en una biblioteca.

El **yoga**, decididamente, funcionaría muy bien en una biblioteca, porque empieza por i griega, y los griegos eran muy de bibliotecas. Por el mismo motivo, también lo harían todas las actividades para yaks, en especial el diseño de yates, la pintura sobre yeso y la elaboración de yogur.

Sin embargo, el adiestramiento de caballos **seguramente** no funcionaría.

Muchas **escuelas** cuentan con una biblioteca. Si tu escuela tiene biblioteca, no será solo un sitio para leer libros. Porque las bibliotecas son además buenos sitios para estar. Son más **tranquilos** que el patio de recreo o el comedor. Son los libros los que proporcionan esa **calma.**

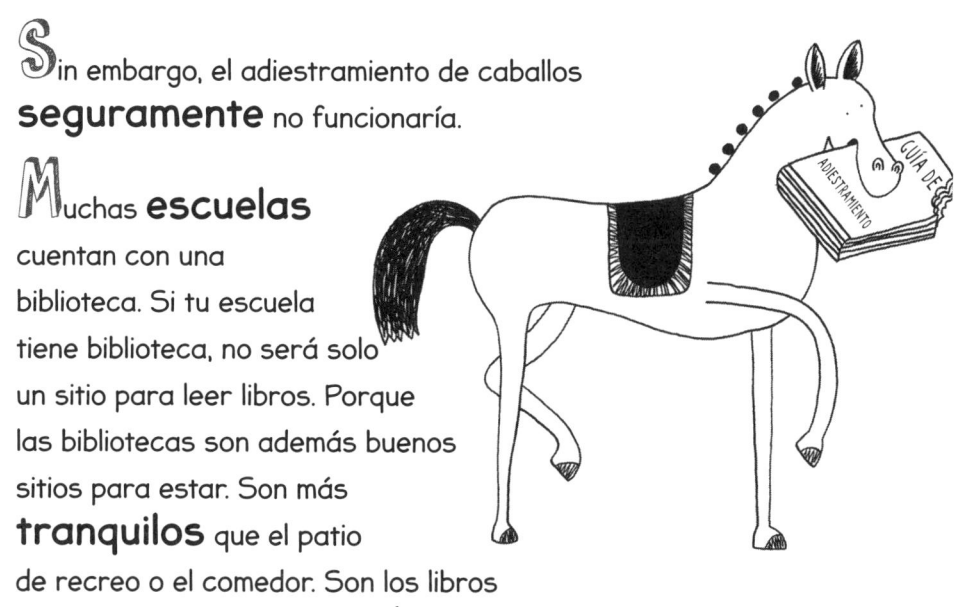

Además, en las bibliotecas están los **bibliotecarios.** Los bibliotecarios son extrañas criaturas que viven en un nidito hecho entre las estanterías. Hay algo maravilloso que puede hacer un bibliotecario y que no se le da tan bien a internet: puede **recomendar** un libro en el que no habías pensado. Inténtalo: acércate a un bibliotecario y dile:

> He leído este libro sobre mascotas que ha escrito James Campbell. ¿Qué me aconseja leer a continuación?

Mascotas famosas de la historia: Página 132

Quién es Shakespeare y por qué es bestial: página 142

Conejillos de Indias

Los conejillos de Indias son unas criaturitas muy **divertidas.** He hecho una profunda investigación y he descubierto que el conejillo es un conejo pequeño y que la India está en Asia, por la parte de abajo, a la izquierda de China según se mira de frente. Así que está claro que el conejillo de Indias es un conejo pequeño que procede de **Asia.** ¡Pues no! El conejillo de Indias ni es un conejo, ni es originario de la India.

> El conejillo de Indias es un roedor (familia que incluye a las ratas y ratones) y procede de lo que antiguamente se llamaban las Indias Occidentales, concretamente de los Andes, en Sudamérica.

Los conejillos de Indias son unos animales de compañía excelentes porque son **muy cariñosos.** Les gusta jugar con su dueño. Les encantan las caricias y puedes hacer con ellos un montón de cosas.

Guinea

África

Sudamérica

ecuador

Los Andes

Océano Atlántico

Cosas que proceden de Sudamérica: página 114

Los conejillos de Indias son bastante **más grandes** que los hámsteres y viven **bastante más**.

A menudo oirás a gente que usa la frase «conejillo de Indias» para referirse a algo con lo que se hacen experimentos. Es así porque los conejillos de Indias se han utilizado para **experimentos científicos.** Muchas personas piensan que no es justo hacerles eso a los conejillos de Indias, ni a ningún otro animal. Sin embargo, yo he ideado una serie de experimentos éticos y seguros que puedes realizar con tus mascotas, sean conejillos de Indias o lo que sean.

Los conejillos de Indias son muy populares en **Perú**, que es de donde proceden. Solo que allí la gente no los usa como animal de compañía, ¡sino que se los comen! Así que, si tu mascota es un conejillo de Indias, **¡no** te lo lleves a Perú de vacaciones!

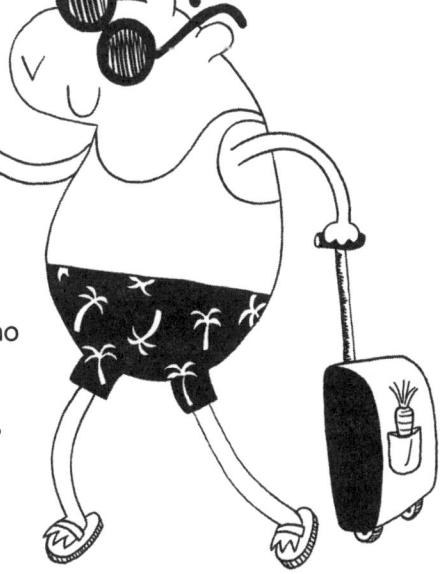

Cuánto viven las mascotas: página 231

Experimentos seguros y éticos que puedes realizar con tu mascota: página 40

Cosas que puedes lanzar con una catapulta espacial

Una vez tengas tu catapulta espacial... (y si no sabes cuál comprar, te recomiendo las de la empresa Espiralidosa), tendrás que pensar **qué quieres disparar** al espacio con ella. Y **por qué**.

> Máquinas de Espiralidosa: página 190

El proyectil más evidente es **un perro**, porque los perros tienen narices resistentes a las **altas temperaturas** que no se prenderán fuego al atravesar la atmósfera a millones de kilómetros por hora.

> Los perros y el fuego: página 72

Todo aquello que no sea resistente a las altas temperaturas lo pasará muy mal al ser catapultado por el espacio. Por ejemplo, si intentas enviar una **tarta de chocolate** al espacio, se derretirá y desintegrará antes de abandonar la atmósfera de nuestro planeta.

Otra cosa que no aguanta que la catapulten al espacio es el **queso.** Ese es el motivo principal por el que todo el queso del que está hecha la Luna se haya quedado donde está. Mucha gente ha intentado mandarlo a la Tierra, pero cada vez que lo disparan con una catapulta espacial, el queso **se derrite** en hilos pegajosos, cubriéndolo todo y haciendo que los implicados en el lanzamiento parezcan **idiotas.**

Las cosas que sí se pueden lanzar al espacio incluyen las serpientes venenosas, los tiburones y los profesores de ciencias...

Algo que **nunca,** nunca nunca debes hacer, bajo ninguna circunstancia, es disparar un **gato** al espacio. El hecho de que Espiralidosa comercialice un modelo de catapulta espacial con el nombre de Gatapulta no significa nada.

Palabras maleta

Las palabras maleta son partes de dos palabras **pegadas una a la otra** para formar una palabra nueva que suena un poco como las dos primeras. La palabra «girasol» es un buen ejemplo. Empieza por «girar» y termina por «sol», y se refiere a una planta que gira para quedarse siempre mirando hacia el sol. Como yo.

Lewis Carroll inventó montones de palabras maleta y las utilizó en sus libros y en sus poemas. «Pobébil», por ejemplo, significa pobre y débil. «Atontioso» significa atontado y furioso.

Lewis Carroll (que, entre otras cosas, escribió *Alicia en el País de las Maravillas*) fue el primero en usar el término «palabras maleta», hace unos 150 años.

En su poema *El Galimatazo*, verás montones de las palabras maleta que inventó. Las llamó palabras maleta por un tipo particular de maleta que había en su época, el siglo XIX, que tenía dos partes separadas. A mí me gustaría inventar nuevos tipos de palabras basados en distintos tipos de bolsas:

Palabras bolso: palabras que solo utilizan las señoras que llevan bolso, como *talentoso*, *botarate*, *cáspita* o *cachivache*.

Palabras saco de dormir: palabras que dices durmiendo: *No*, *guuu*, *gzzzzzzzzz*, *aaaah* y *cincominutosmás*.

Palabras cartera escolar: palabras que nunca usarás más que en el colegio: *sacapuntas*, *geografía*, *subjuntivo*, *asambleario* y *currículum*.

Palabras carrito: palabras realmente grandes que solo puedes transportar sobre ruedas: *electroencefalografista*, *otorrinolaringólogo*, *esternocleidomastoideo* o *ciclopentanoperhidrofenantreno*.

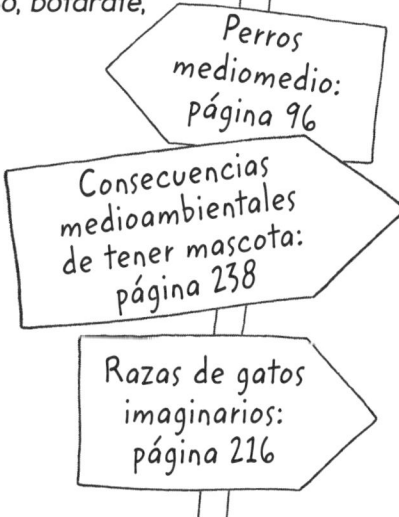

Perros mediomedio: página 96

Consecuencias medioambientales de tener mascota: página 238

Razas de gatos imaginarios: página 216

Museo del Aire de Airecillo de la Sierra

El Museo del Aire de Airecillo de la Sierra (Segovia) contiene diversos objetos y elementos sobre el aire y está reconocido internacionalmente como el museo **más aburrido** del mundo. Alguien podría pensar que es un museo sobre aviones y helicópteros, pero no: es solo sobre **AIRE.**

Una de las secciones menos interesantes de todas es la **Sala del Último Aliento.** En diversos tarros está recogida la última exhalación de más de mil personas famosas. Esto incluye **el último soplo** de Cristóbal Colón, de Cleopatra y de un tipo pequeño y casposo llamado Enrique.

En los sótanos del Museo del Aire de Airecillo de la Sierra está el **Museo Porrompón,** que recoge los últimos aires traseros expelidos por más de novecientos seres. Aquí puedes oler y admirar, si quieres, los últimos pedines de Mussolini, Juana de Arco y diversos perros labradores viejos y gordos.

También hay unos tarritos muy pequeños que contienen los últimos **pedines** de más de una docena de hámsteres, jerbos y conejillos de Indias.

Mi exposición **favorita** del Museo del Aire de Airecillo de la Sierra es la dedicada a los airedale terrier, los únicos **perros inflables** del mundo, que se usaron para enviar mensajes de un lado al otro del canal de la Mancha durante la Revolución francesa.

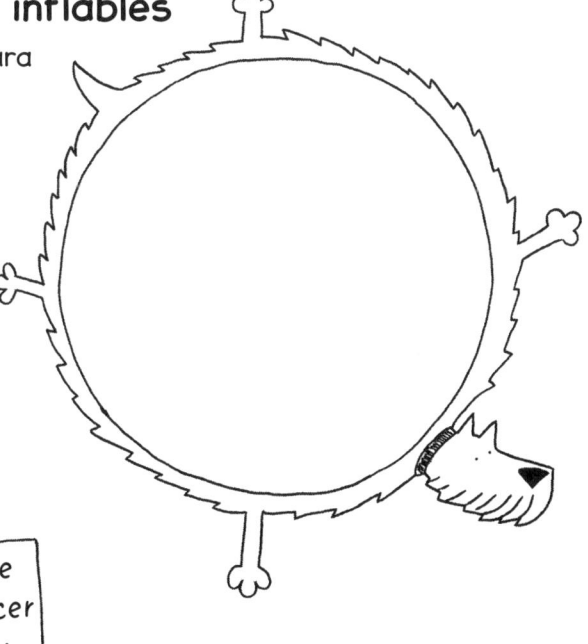

El airedale: página 86

Cosas ilegales que aún no puedes hacer sobre un caballo: página 110

El gato de mis abuelos

Mis abuelos tenían un gato. Era un gato **persa**.

Los gatos persas tienen el pelo largo y hay que cepillarlos mucho o se les **enreda** completamente.

Diferentes razas de gatos: página 124

Yo soy **alérgico** a los gatos y estoy seguro de que aquel gato lo sabía. Y le **encantaba**.

Cuando visitaba a mis abuelos, al poco rato empezaba a sentirme **mal**. Entonces me quedaba dormido y despertaba un poco después con los **ojos legañosos** y respirando como un tren averiado. Cuando conseguía abrir un ojo, allí me encontraba al gato, que estaba sentado y **mirándome**.

Mascotas que pueden desempeñar un oficio

De todas las mascotas, los **perros** son los más útiles porque pueden realizar trabajos. También otras mascotas son, claro, perfectamente capaces de hacer algo. Un gato podría emplearse como sombrero de alguien.

O un **hámster** podría dar vueltas en una rueda conectada a un generador eléctrico para alimentar un televisor.

Pero los perros desempeñan los oficios más útiles. La policía y el ejército utilizan **perros rastreadores** para encontrar sustancias ilegales y explosivos. La nariz de un perro es más de **mil veces** más sensible que la nuestra. Por eso, si te tiras un pedo cerca de la cara de un perro, los ojos le harán chiribitas y se terminará desmayando.

También puedes ver perros que ayudan a la gente. Los **perros lazarillo** cuidan de los ciegos, y los **perros señal, de los sordos.** Busca en YouTube un vídeo llamado *«14 animals with incredible jobs»*: ¡verás elefantes pintor, perros salvavidas y unos diminutos caballos lazarillo!

Verás que **no** existen los gatos lazarillo. Si dejáramos que los gatos guiaran a las personas ciegas, veríamos a muchos caminando por lo alto de las vallas y barandillas. Esto parece una prueba de que los perros son **mejores** que los gatos...

> Gatos contra perros: página 221

Los animales más útiles son seguramente los **pollos** (porque puedes comerte sus huevos) y los **gusanos** (porque convierten cosas en compost).

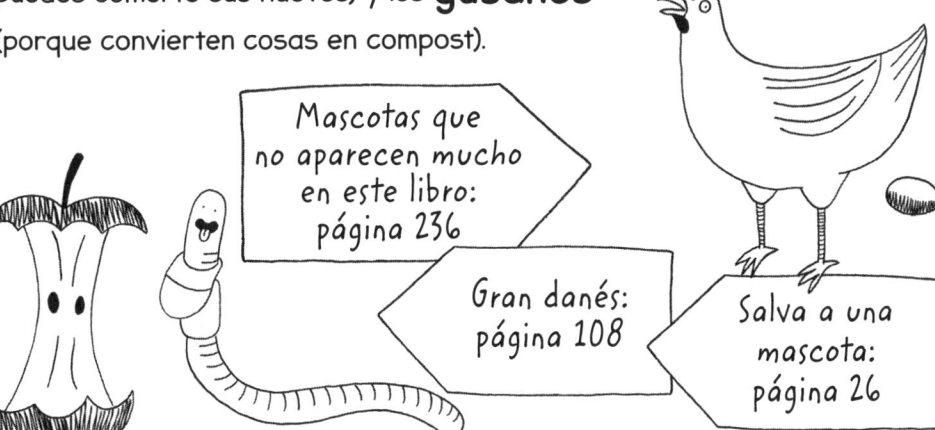

> Mascotas que no aparecen mucho en este libro: página 236

> Gran danés: página 108

> Salva a una mascota: página 26

Real Sociedad de Animales Ficticios

En 1888, la princesa Alberta de Verneuil-sur-Avre visitó España porque alguien le había dicho que había una manada de **lémures bolivianos** viviendo en las montañas de Valladolid. Cuando comprendió que estos animales eran inventados (y las montañas también), al principio se enfadó un poco, pero después estuvo seis horas riéndose de la broma, hasta que se le escapó un poco de pis y se tuvo que echar a descansar.

A la mañana siguiente, decidió emplear parte de su **considerable fortuna** en fundar la Real Sociedad de Animales Ficticios. Desde entonces, la Sociedad ha catalogado todos los animales del planeta que no han podido encontrar. Lo cual incluye:

El león austriaco

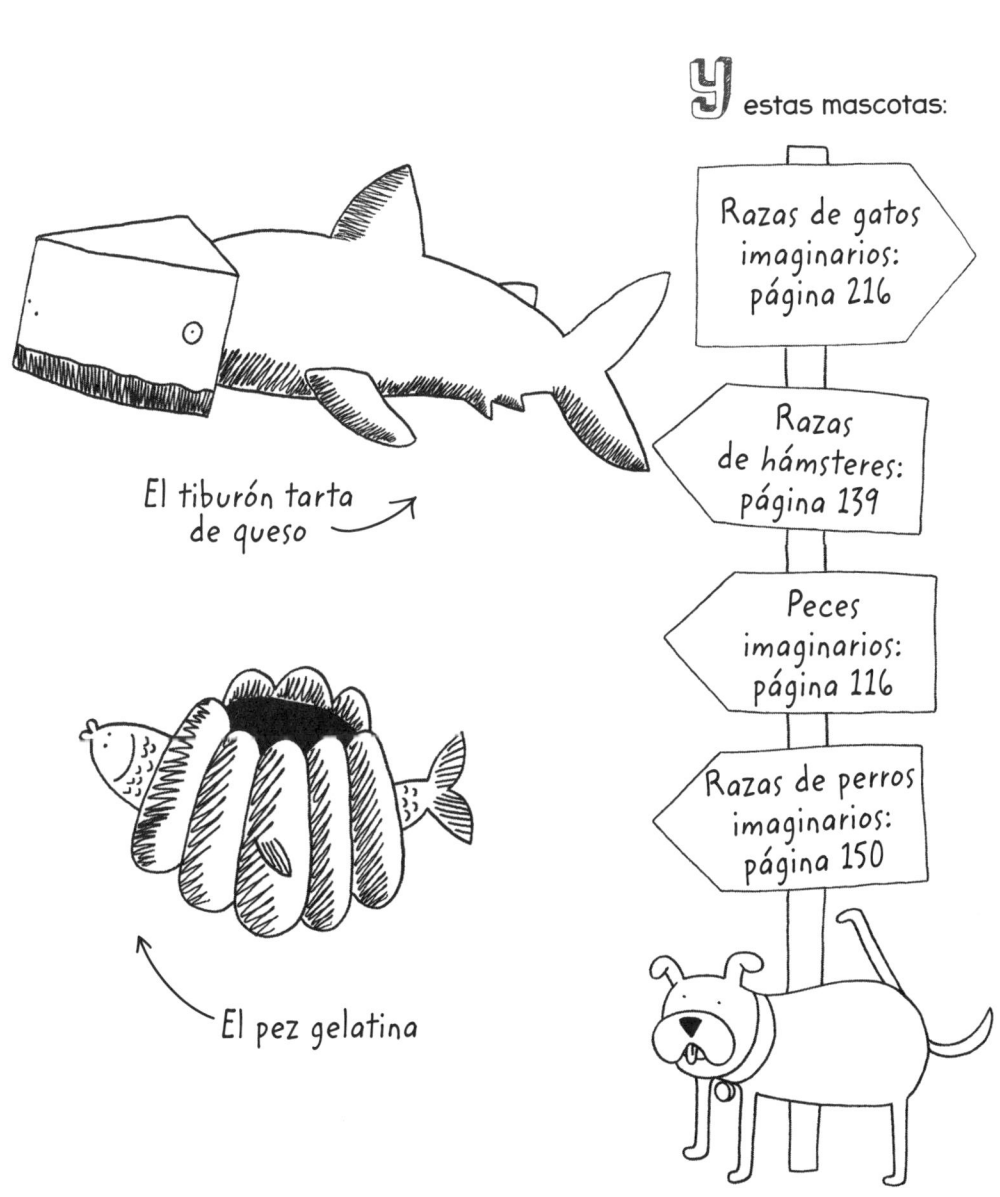

Personas que terminaron siendo clavaditas a sus perros

¿No has oído nunca que la gente se termina pareciendo a su mascota? Aquí tienes algunas personas que copiaron su aspecto de su perro.

Busca en internet perros que se parecen a sus dueños y verás que es **¡completamente cierto!**

Enma Caniche

Mascotas famosas de la historia: página 132

Ponis

Lo más importante que tienes que saber sobre los ponis es que **no** son tan pequeños como parecen. Un poni es seguramente la mascota **más grande** que puede tener uno sin necesitar un permiso especial del Gobierno.

En términos generales, hay dos tipos de personas. Algunas personas ven un caballo en el campo y piensan para sí: «Mmm... Qué animal tan bonito. Es bello y majestuoso. Qué hermosa creación. Voy a dejarlo en paz y continuar con mi paseo».

Otras personas, sin embargo, ven al caballo y dicen para sí: «Es precioso... ¡Tengo que sentarme encima!».

Uno no hace eso con otras mascotas, ¿verdad? Tú no miras a un conejillo de Indias y dices: «Voy a sentarme encima para dar una vuelta por el jardín».

Necesitas **mucho sitio** para tener un poni. Ni siquiera está permitido tenerlo en el cuarto de baño.

Complicaciones de tener animales en el cuarto de baño: página 56

Mucha gente tiene a su poni en un campo o le paga a alguien que tiene un campo para que lo guarde en él.

Una mascota más grande: página 14

Comienzo: página 9

Carreras de caballos: página 184

James visita un espectáculo de caballos: 182

Los ponis comen principalmente hierba, pero también tienes que darles heno y zanahorias. Hay que cuidarlos mucho, son **muy caros** ¡y una vez a la semana tienes que recorrer el terreno en que viven para recoger todas sus **bostas!**

Yo no tengo mucha experiencia con ponis, pero una vez estuve en un espectáculo de caballos que fue **la monda.**

Lo que necesitas para tener un poni, y otros arreos

La cosa no es tan simple como montarse en el poni de un salto y empezar a cabalgar. Hay cosas que necesitas. Necesitas un casco especial, botas de montar con tacón, para que no se deslicen en el estribo, y una camisa de manga larga. Y, por supuesto, **capa, espada** y **sombrero con plumas**.

Y tu poni también necesita ciertas cosas que se llaman «arreos». Normalmente los puedes comprar en una tienda llamada **«guarnicionería»**.

Tu poni necesitará una **silla.** Se trata de un asiento especial que se ata al vientre del caballo. De ese modo, la gente se sienta sobre los caballos **sin caerse.** Asegúrate de que colocas la silla **correctamente.** Si la pusieras al revés, te pasaría esto...

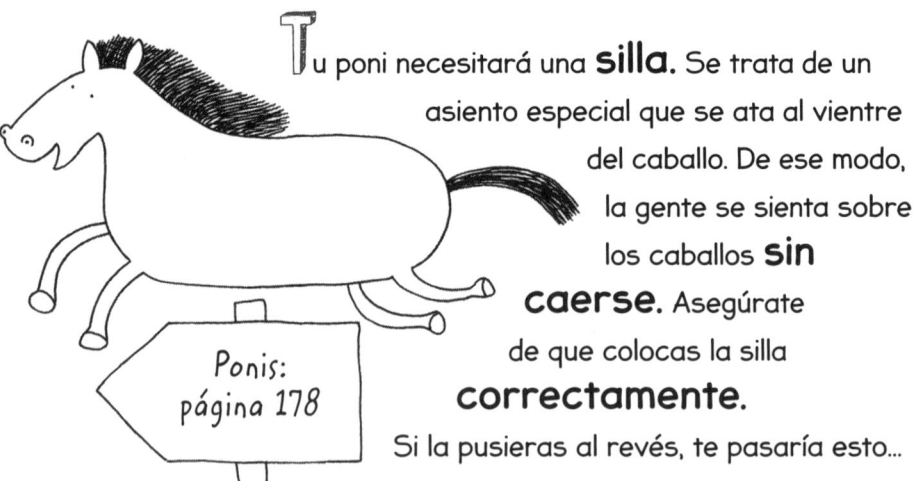

Ponis: página 178

Y, al cabalgar, te irías pegando con la cabeza **contra el suelo**.

James visita un espectáculo de caballos

Una vez fui a un espectáculo de caballos. En realidad, fue por accidente. Eso ocurrió hace mucho tiempo y, por aquel entonces, yo **les tenía miedo** a los caballos. Me habían invitado para que les contara historias a los niños que asistían al espectáculo.

Lo que más miedo me daba de los caballos era el **tamaño,** porque los caballos son animales **enormes.** Una vez, de niño, un caballo me pisó el pie y me hizo mucho daño. Ahora no les tengo ningún miedo a los caballos. De hecho, hace un par de años sobreviví a la visita de unos caballos **salvajes** a mi tienda de campaña...

> Los ponis salvajes de Galicia: página 90

Lo más **aterrador** ocurrió cuando hacía cola para pedir una taza de té. Yo estaba ensimismado, cuando me di cuenta de que algo me lanzaba su **cálido aliento** en la nuca. Me volví despacio para encontrar un caballo, que hacía cola detrás de mí para pedir su taza de té. Yo ni siquiera sabía que los caballos bebieran té.

Pensé: «Tranquilo, no pasa nada. Seguro que encima de este caballo está sentado alguien responsable».

De modo que levanté la vista y... ¿a quién veo al cargo de aquella **bestia gigante?** ¡A una niña de siete años de enormes dientes!

Para mí, eso fue como si a mi espalda hubiera una **ametralladora** apuntándome, y al mando de aquella ametralladora estuviera un pequeño mono de sonrisa **aterradora.**

¡¡¡Aaaaaarggghhhhh!!!

Ponis: página 178

Carreras de caballos

Las carreras de caballos son un deporte en que unos señores muy pequeños, llamados **«jockeys»**, cabalgan unos caballos enormes y miran a ver quién puede darle la vuelta al campo más deprisa. A mucha gente le gusta ver las carreras de caballos. A veces es **divertido.** Busca un vídeo llamado *«funny horseracing bloopers compilation»* y verás a lo que me refiero.

Yo prefiero el **calco de caballos,** que es un deporte en el que se coloca un papel enorme detrás de un caballo y se intenta **dibujar el contorno** del caballo con un lápiz antes de que él se aburra y se vaya a ver tiendas. Es un deporte de gran dificultad, y solo los grandes calcadores de caballos son capaces de completar la silueta.

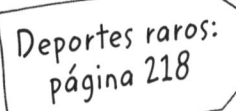

Deportes raros: página 218

184

Otro deporte que te podría interesar es el **cordonamiento de caballos.** Consiste en atar los caballos unos a otros sobre un zapato gigante, a modo de cordones. Se trata de un deporte bastante idiota, y solo puede practicarlo gente que sea lo suficientemente descerebrada. Si alguna vez ves a alguien haciendo cordones de zapatos con caballos, sugiérele que se compre un perro para que piense por él.

Las carreras de caballos pueden ser de dos maneras: **con obstáculos o sin obstáculos.** O, dicho de otra manera, saltando vallas o sobre el piso. Por favor, no te confundas. ¡He escrito «sobre el piso» (suelo) y no «dentro de tu piso»! ¿Dónde pretendías hacer una carrera de caballos? ¿En el cuarto de baño?

Complicaciones de tener animales en el cuarto de baño: página 56

Mi poni necesita zapatos nuevos

Ya sé que es raro, pero los ponis necesitan zapatos. No zapatos como los nuestros, sino unos grandes trozos de hierro curvados en forma de... **herradura**.

Cuando compres tu caballo, seguramente te dirán lo viejas que son sus herraduras. Pero, normalmente, un caballo necesita un par nuevo cada seis u ocho semanas, dependiendo de cuánto lo montes, cuánto peses y de cuánto le guste **bailar** a tu caballo.

Por desgracia, no puedes llevar a tu poni a una zapatería. Tienes que llamar por teléfono a alguien que se llama **herrero**. El herrero se dedica a ir por ahí poniendo zapatos nuevos a los ponis.  **No** intentes hacerlo tú mismo...

Si no encuentras un herrero, entonces puedes probar con un **zapatero** normal. Total, por probar...

Lo curioso es que los **ponis salvajes** no llevan ningún tipo de herradura. Pero los ponis salvajes dan **mucho miedo.**

Problemas con mascotas: página 54

Los ponis salvajes de Galicia: página 90

Salchichismo equino

Para este juego, necesitas tener varias cosas a mano:

1. Lo primero que necesitas es un adulto **responsable**.

> Cómo comprobar si un adulto es responsable: página 198

2. Después necesitarás varias **salchichas cocinadas** que hayan sobrado. Con una es suficiente, pero seis es mejor. Y un caldero lleno de salchichas es lo ideal.

3. ¡Por último, necesitarás **un caballo** y **permiso** del propietario del caballo (en caso de que no sea tuyo) para tirarle las salchichas!

> Por supuesto, no hay problema, siempre y cuando no sean ahumadas. Odia las salchichas ahumadas.

> ¿Le importa si le tiro salchichas a su caballo?

El juego consiste en quedarse a cierta distancia del caballo y tirarle salchichas hasta que consigas que una se quede encima de él y no se caiga. O hasta que el caballo se marche.

El récord mundial del salchichismo equino lo ostenta Nadame Jorqueacer, quien consiguió colocar **87 salchichas** en el lomo de su caballo. Los jueces dijeron que podría haber colocado más, pero por desgracia el terreno fue invadido por una manifestación de perros salchicha que **protestaban** contra el deporte. Nadame Jorqueacer no se amilanó por ello y empezó a arrojarle al caballo perros salchicha.

El perro salchicha: página 78

Pero salió todo mal, así que **no** recomiendo utilizar perros salchicha en absoluto.

Máquinas de Espiralidosa

Espiralidosa es mi nueva marca favorita. Tiene su sede en Argentina y fabrica **máquinas sorprendentes,** entre las cuales están:

Las catapultas espaciales

Cosas que puedes disparar con una catapulta espacial: página 164

Son aparatos **enormes** que tienen la fuerza necesaria para catapultar prácticamente cualquier cosa al espacio exterior. No sé muy bien cómo lo hacen, pero según su página web utilizan la goma de unas enormes **bragas de abuela.**

Lanzador hidráulico de conejillos de Indias

Solo puedes comprarlo si dispones de **permiso** y eres un **cuidador** de conejillos de Indias experimentado. Está pensado para lanzar **conejillos de Indias** a enormes distancias con total seguridad. Dispone de unas pequeñas mochilas paracaídas para uso del animal, que gracias a ellas desciende a tierra suavemente tras cada lanzamiento.

Máquina repelente de osos polares

Si vives en un lugar en el que haya muchos osos polares (como el polo norte, por ejemplo), una de estas máquinas podría interesarte. Tiene el tamaño de una piña y se coloca en la mesita de noche. Funciona emitiendo **ondas sonoras** que los osos polares no pueden soportar. Yo tengo una y puedo decir que los osos polares jamás me han molestado.

Rasuradora, aspiradora de piojos y pintacabezas automática

Si tienes piojos, esta máquina será **la solución.** Es solo un poco más grande que la cabeza de un niño, y solo tienes que llevarla como si se tratara de un **sombrero mecánico.** La máquina detecta la presencia de piojos y, entonces, emplea unas cuchillas giratorias para afeitar completamente el cabello. Después, una boquilla absorbe los piojos del cuero cabelludo y, por último, una docena de diminutos pinceles pintan la cabeza con un barniz que la sella e impide que vuelvan los piojos.

Los perros y el fuego: página 72

Qué hacer si te encuentras una mascota a los pies de la cama: página 61

Alergia a las mascotas

Las alergias pueden ser una **pesadilla**. Hay gente alérgica al polen, al polvo e incluso a algunos alimentos. Pero ¿y la alergia a los animales? ¿Cómo puede alguien ser alérgico a un ser esponjoso y adorable?

> Cómo hacer una fogata: página 140

Todos tenemos **sistemas inmunológicos** que nos protegen de cosas venenosas y peligrosas, como el humo. Si estás sentado junto a una fogata y el humo te da en la cara y en la boca, tu cuerpo empezará a hacer cosas para protegerse. Empezarás a toser y resollar para sacarte el humo de los pulmones, y los ojos te empezarán a llorar para expulsar las partículas de humo antes de que lleguen a la cabeza y al cerebro. Esto es completamente **normal**.

> La gente con alergia a las mascotas tiene un sistema inmunológico demasiado sensible, que da la alerta ante cosas tan inofensivas como gatos y perros. La mayoría de las personas alérgicas a los perros en realidad lo son al polvo que se deposita en el pelo, a la saliva del animal o a su orina. Todas estas cosas primero residen en el pelo del animal y después flotan por el aire de la casa.

Si alguien tiene **alergia a una mascota**, no puede hacer mucho por remediarlo, aparte de evitar ese tipo de animal. Yo soy alérgico a los gatos y, por eso, intento **guardar las distancias** con ellos.

> Perros mediomedio: página 96

El problema es cuando tienes una mascota y **después** descubres que alguien de tu familia tiene alergia a ella..., alguien que no lo sabía y acaba de enterarse.

Lo peor de las alergias es que a la gente que no las tiene le cuesta **comprender** el problema. Si yo voy a casa de alguien que tiene gato, le digo que soy alérgico... ¡y lo único que hace esa persona es abrir una ventana!

A menudo me pregunto qué pasaría si los gatos fueran alérgicos **a mí**. Imagínate si voy a casa de mi amigo y su gato empieza a estornudar y a resollar.

> En tu casa, alguien tiene alergia a tu mascota: página 235

> Cuánto lo siento, pero creo que mi gato te tiene alergia. Por favor, vete.

Una historia curiosa sobre una bandeja de arena

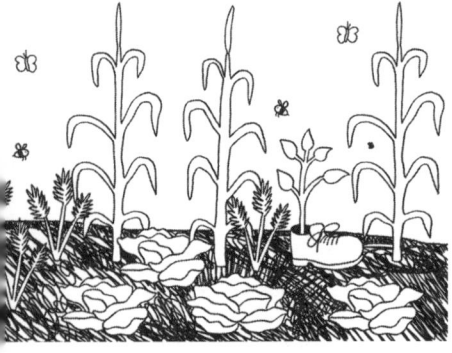

Hace mucho tiempo, yo cultivaba un huerto, y un día **la vecina** que cultivaba el huerto de al lado del mío nos invitó a comer en su casa a mí y a mi hijo, que tenía cinco años.

Así que el domingo llevé a mi hijo a su preciosa casa, que había sido antes una escuela. Vamos a llamar a mi hijo Joe (porque se llama así). Joe se emocionó al ver que, al rehabilitar la casa, habían puesto un **tobogán** junto a la escalera. Tenían muchos niños y les parecía que bajar por el tobogán era una manera maravillosa de empezar el día.

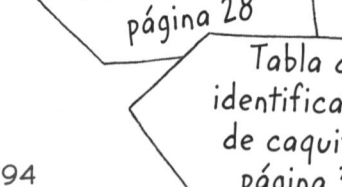

Cómo hacen sus necesidades: página 28

Tabla de identificación de caquitas: página 34

Comimos, y después los niños se fueron a jugar. En cierto momento, uno de los adultos dijo: «¿A que es encantador ver juntos a tantos niños?». Todo el mundo se mostró de acuerdo, pero yo noté un **retortijón** en las tripas. Presentí que algo iba mal.

«**V**oy a echarle un vistazo a Joe», dije, y salí a dar una vuelta. No me costó mucho encontrar a mi hijo. **NO** estaba jugando con los demás niños. No. Lo que había hecho era subir al piso de arriba y coger la bandeja de arena del gato. Había sacado **todo** su contenido (arena y caquitas secas) y había pasado el rato **disparándolo** todo por el tobogán. Cuando lo descubrí, él ya había cubierto el pasillo de arena y caquitas de gato.

No sé por qué, aquella familia y nosotros **no** llegamos a hacernos amigos.

Pececitos de colores

Me gustan los pececitos de colores. En muchos aspectos son mascotas **muy simples.** No hay que sacarlos de paseo. No hay que cepillarlos. Y si uno se muere, puedes comprar otro exactamente igual y decir que es el mismo.

Por otro lado, no se le pueden enseñar trucos a un pececito de colores. Tampoco se le puede abrazar, y hay que crear todo un **medio ambiente** para que pueda vivir en él.

Cómo demostrar que sabes cuidar de un pez: página 204

Teoría de la Conspiración Hamsteriana: página 222

Un pececito de colores en el váter: página 158

Personalmente, pienso que **el mejor** medio ambiente para un pez es el constituido por un poco de rebozo, sal, vinagre y mi estómago. Pero parece que eso no se considera cuidar una mascota.

Por supuesto, **no** todos los peces son de colores. Aquí hay algunos de mis favoritos:

También hay peces que **me he inventado** completamente:

Cuidar un pez es bastante **fácil**, pero si quieres hacer tu vida más difícil, puedes echar un vistazo a:

Distintos tipos de peces: página 202

Peces imaginarios: página 116

Alimentar a una mascota: página 22

Comienzo: página 9

Cómo comprobar si un adulto es responsable

En este libro te he propuesto unas cuantas veces que hagas algo con un adulto responsable. De hecho, hay muchos libros y programas de televisión donde la gente dice: «Recuerda hacer esto siempre con ayuda de un adulto responsable».

Pero **¿cómo sabes** si un adulto es responsable? Si quieres utilizar unas tijeras enormes y afiladísimas para abrir una botella de friegaplatos, ¿qué adulto elegirías para que te ayudara?

¿Se lo dirías al tío Feliciano, el que cree que es una morsa? **No.**

¿Se lo dirías a tu vecino, el que colecciona coches averiados y los amontona en el jardín de su casa? **Decididamente no.**

¿**S**e lo dirías a «la Carmen», que es profesora de apoyo en tu colegio y parece responsable, aunque se ha puesto los zapatos al revés? **Tal vez.**

Pero el caso es que todas estas personas en realidad podrían ser sensatas y responsables. Es difícil saberlo. Así que aquí tienes **mi test** para averiguar si un adulto es responsable o no.

Haz que se siente y hazle tranquilamente **esta pregunta:**

¿Sabe que cuando yo tenga su edad va a haber unos nueve mil millones de personas en este planeta y se nos habrá acabado el petróleo, el carbón y el gas? ¿Qué hace usted, personalmente, para asegurarse de que yo y mis hijos tengamos energías renovables y agua limpia para beber?

Consecuencias medioambientales de tener mascota: página 238

Si no tiene una **respuesta decente** a esta pregunta, **no** es un adulto responsable, y **no** deberías pedirle que te ayudara en nada.

Cosas que necesitas si quieres tener un pez

Si quieres tener un pez, tienes que proporcionarle todo **su medio ambiente;** de lo contrario, morirá. A algunos peces les gusta vivir en agua fría; otros la prefieren caliente. También tienes que usar un **sistema de filtrado** para extraer sus caquitas, y una **luz** para que vean lo que ocurre. Sin lugar a dudas, necesitas un **acuario** para ponerlos dentro (una bota vieja no sirve) y seguramente el acuario tendrá que estar cerca de un enchufe, porque para cuidar un pez se necesita **electricidad**...

> Consecuencias medioambientales de tener mascota: página 238

A menos que quieras tener **anguilas eléctricas.** Las anguilas eléctricas se autoabastecen y abastecen también a cualquiera que las toque.

Si **de verdad** quieres tener un pez, es importante que pidas consejo a una persona de verdad. Leer un libro sobre peces o meterte en internet no sirve. Ve a una **tienda de peces** y pregúntale a alguien.

(Cuando digo una tienda de peces, no me refiero a una pescadería. Los empleados de una pescadería seguramente saben cómo cocinar un pez con patatas, pero no cómo mantenerlo con vida).

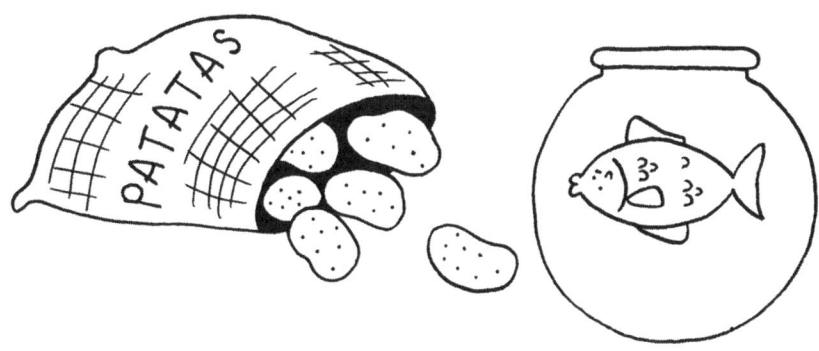

¡Ve a una tienda que venda **peces y peceras!** Hagas lo que hagas, que no sea lo que hice yo de pequeño con mi pececito...

Mi pececito de colores: página 205

Perros mediomedio: página 96

Distintos tipos de peces

Aquí hay algunos de mis **favoritos**.

Guppy

Estos peces son **muy bonitos** y tienen un nombre muy tonto. ¿Qué más se le puede pedir a un pez?

Pez chupacristales

Son realmente **feos** y de aspecto desagradable.

Molly negro

Es un pez muy **pacífico.** Que es lo que quieres de un pez, realmente. Nadie quiere un pez furioso.

Carpa

Hay muchos tipos de carpa diferentes. La **carpa de espejos** es muy bonita, pero tal vez sea mejor que no te la compres, porque es **enorme.**

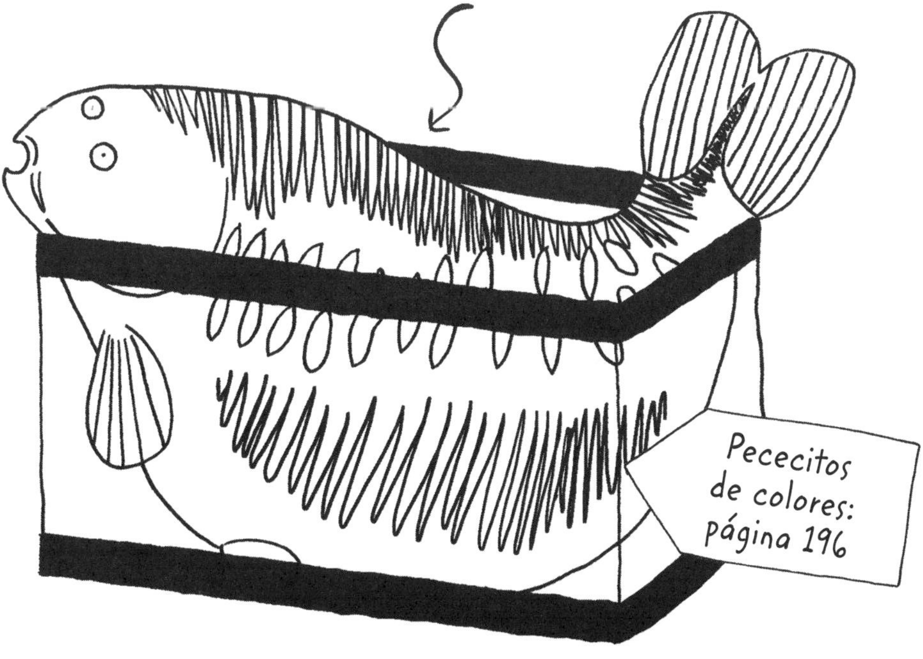

Pececitos de colores: página 196

Cómo demostrar que sabes cuidar de un pez

No puedes entrar simplemente en una tienda de peces y decir: «¡Eh, quiero un pez!». No te venderán nada a menos que demuestres **que sabes** lo que haces.

En primer lugar, tienes que llenar el acuario de agua y dejar que se asiente. Si metes el pez en agua que acaba de salir del grifo, el **cloro** y otras asquerosidades que le echamos al agua del grifo **matarán** al pez o, aún peor, ¡lo convertirán en un **mutante** que se apoderará del mundo!

Cuando hayas dejado el acuario **descansando** durante una semana más o menos, entonces lleva una botella llena de agua a la tienda. Ellos la **comprobarán** y si lo has hecho todo bien, habrás superado los requisitos para cuidar de un pez. **¡Hurra!**

Cuando muere tu mascota: página 233

Pececitos de colores: página 196

Mi pececito de colores

De pequeño, viví una buena temporada con mis abuelos en un sitio que era medio casa medio restaurante, pero parecía un gallinero. La puerta de la casa daba a la plaza del mercado, y una vez al año venía la feria a la ciudad y se instalaba justo delante de nuestra puerta. Cada vez que venía la feria, comprábamos un pececito de colores en una bolsa de plástico y algodón de azúcar. Normalmente, ¡el algodón de azúcar **duraba más que el pez!**

Seguramente, eso era por nuestra manera de cuidarlo. Teníamos una pecera que llenábamos de **agua fría.** En un par de semanas, el pez empezaba a pasar apuros. Al final **moría** y yo tenía que echarlo al váter y tirar de la cadena.

Esa no es la manera de cuidar un pececito de colores. Si quieres saber cómo hay que cuidarlo, vete a una tienda que los venda y pregúntale al que esté allí. Sobre todo, muy importante: **no me preguntes a mí.**

Cosas que necesitas si quieres tener un pez: página 200

Perros con nombre de comida

Lo mejor de los perros es que hay **muchísimas razas.** Muchas de ellas tienen nombres bastante idiotas. Algunos suenan mal. Otros son muy complicados. Otros, sin embargo, parecen venir de cosas comestibles. El más evidente es el **perro salchicha.**

El perro salchicha se llama «perro salchicha» porque tiene forma de salchicha. Y, por lo visto, en Estados Unidos llaman «perritos calientes» a las salchichas debido a... no tengo ni idea.

El perro salchicha: página 78

Otros perros que tienen nombres comestibles:

Border coliflor

206

Vehículos para animales

Muchos animales se sienten muy **felices** andando o nadando o corriendo de manera normal. Pero ¿por qué no hacer las cosas aún más **divertidas?** Aquí tienes algunos vehículos que puedes comprarle a tu mascota.

Motos

Las motos para perros son un invento **maravilloso.** Son del tamaño perfecto para que un perro pequeño monte y acelere. De este modo, ¡pueden perseguir coches, perseguirse unos a otros, y hacer **carreras** de motos!

Máquinas de Espiralidosa: página 190

Perros pequeños frente a perros grandes: página 94

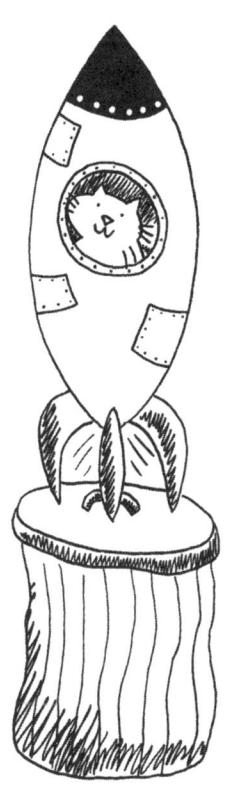

Cohetes espaciales

Los cohetes espaciales para gatos están entre **mis favoritos.** Se trata de cohetes espaciales relativamente pequeños que puedes **lanzar** desde el cubo de la basura para proporcionarle a tu gato la experiencia de su vida.

Acuarios móviles

Los acuarios móviles son **maravillosos** de verdad. El acuario entero se coloca sobre unas ruedas y, cuando el pez se mueve hacia un lado o el otro, unos sensores especiales le indican a un ordenador en qué dirección debe mover las ruedas. De este modo, el pez puede moverse a voluntad por muchos sitios y vivir **aventuras.**

Mis peces se han muerto

No sabes **cuánto lo siento.** Puede que les dieras demasiado de comer, o demasiado poco. O que no les dieras lo adecuado. O tal vez uno se comió al otro y después explotó.

Cuando se murió mi pez, me pregunté si debía echarlo al váter y tirar de la cadena como si se tratara de una caquita de colores, para que pudiera ir al mar y reunirse con sus amigos marinos. Pero no era una buena idea. Deja que **un adulto** resuelva esas cosas.

No hay nada de malo en que te sientas **triste** por tu pez muerto. De hecho, no hay nada de malo en sentir lo que sea por lo que sea. Si eso te hace sentir mejor, puedes aprender algo sobre la **reencarnación.** Algunas personas (yo soy una de ellas) creen que, cuando los seres vivos mueren, se convierten en otro ser distinto.

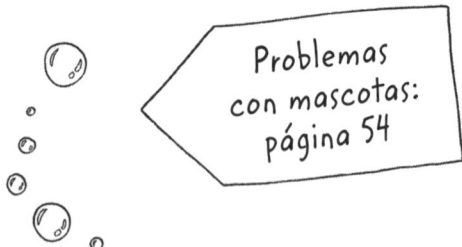

Problemas con mascotas: página 54

Animales que baten récords

A veces la realidad supera a la ficción. Si vas a la página web del *Libro Guiness de los récords*, encontrarás **miles** de animales que han batido récords. Mi favorito es el récord de **globos reventados** por un perro en un minuto.

Si mi perro intentara batir ese récord, lo más probable es que solo reventara uno y saliera corriendo, dando alaridos.

¿Crees que tu mascota podría batir algún récord? Seguro que hay algo que se le da especialmente **bien**. Puede que tu hámster sea un hacha jugando al 4 en raya.

Cómo jugar al 4 en raya con tu mascota: página 50

También puedes buscar en YouTube «*10 amazing animal world records*». ¡Hay animales descacharrantes que han marcado época!

Cosquillas en la barriga: página 79

Qué demonios es el latín y por qué demonios tendría que interesarte

El latín es la lengua que se hablaba en la **antigua Roma**, hace unos **2000 años**. Es la lengua hablada originalmente por los habitantes del **Lacio**, pero se extendió como lengua del imperio romano.

«¿**Qué** tiene que ver eso conmigo?», te oigo preguntar.

Bueno, lo **interesante** es que, aunque ya nadie habla latín, muchas lenguas modernas, como el italiano y el español, tienen mucho de latín. Incluso el inglés, aunque no viene del latín, contiene montones de palabras de origen latino.

Antena, bono, digital, fórmula y posterior son palabras latinas.

En algunos colegios, los niños tienen que aprender latín aunque ya no sirva para hablar con nadie. Niños de todo el mundo dicen más o menos lo mismo:

> El latín es una lengua tan muerta aquí como allí. Mató a todos los romanos y ahora me mata a mí.

Es cierto que aprender latín puede resultar **doloroso**, pero no se ha demostrado que pueda matar a nadie.

Gatos: página 118

Hámsteres: página 138

Más sobre los piojos

Existe una **criatura** que no es exactamente una mascota, pero a veces vive en **nuestro pelo** sin pagar alquiler. Se les llama piojos, aunque aún más a menudo se les llama así:

¡Salid de mi pelo, malditos bichos asquerosos!

Hay **tres** modos principales de deshacerse de los piojos:

1. Usando un **peine especial** contra piojos. Un adulto te agarra y sujeta al estilo lucha libre, mientras otro te raspa el cuero cabelludo con un chisme de metal hasta que tus gritos asustan a los piojos y salen corriendo.

2. Se puede usar **champú** contra los piojos. Es como un **veneno** para ellos. Se creen que los están lavando, cuando en realidad los están exterminando.

3. El tercer método de deshacerte de los piojos es **¡afeitarte** la cabeza y succionarlos con una **aspiradora!**

Hámsteres: página 138

Máquinas de Espiralidosa: página 190

El col de Bruselas no es solo para Navidad

Muchas páginas de este libro son **divertidas** o **absurdas**. Otras, sin embargo, son realmente **serias**. Esta es una de las serias.

Cada Navidad, hay gente que piensa que es buena idea regalar un cachorrito, en especial uno de esos tan pequeños y monos que parecen coles de Bruselas. ¿Qué tiene eso de malo? Lo que esas personas no comprenden es que los cachorritos **no conservan** para siempre el tamaño de una col de Bruselas. Al cabo de seis meses, habrán crecido tanto que parecerán un repollo de los grandes.

Perros con nombre de comida: página 206

Y pueden **seguir y seguir** creciendo. Si tienes tentaciones de comprarle a alguien un cachorrito como regalo de Navidad, por favor, ten presente que tener perro implica un **compromiso** de muchos años, y que no te lo puedes comer hervido.

215

Razas de gatos imaginarios

> Real Sociedad de Animales Ficticios: página 174

Según la Real Sociedad de Animales Ficticios, hay aproximadamente **4000** razas de gato imaginarias, y la mayor parte de ellas vive en la provincia de Albacete.

El gato tejón

Este tipo de gato **parece** un tejón. Tiene exactamente la misma cara rayada, y la misma forma y tamaño que un tejón. De hecho, muchos piensan que se trata de un tejón.

El lintito

El nombre de este gato es una palabra maleta, derivada de **«lindo gatito»**. El lintito es un gato moderno, tecnológicamente avanzado, que se puede conectar a algunos aparatos digitales. Lo mejor del lintito es que lo puedes dejar en casa mientras vas al colegio, pero lo puedes ver por el **móvil**, puedes hablar con él y usarlo para **experimentos**.

> Experimentos seguros y éticos que puedes realizar con tu mascota: página 40

> Palabras maleta: página 166

El gato esponja andaluz

Este extraño **felino** es extremadamente **absorbente** y tiene la mala costumbre de empaparse de cualquier líquido que haya cerca. Los dueños tienen que cogerlo y escurrirlo en el fregadero tres veces al día para que no les estropeen los muebles.

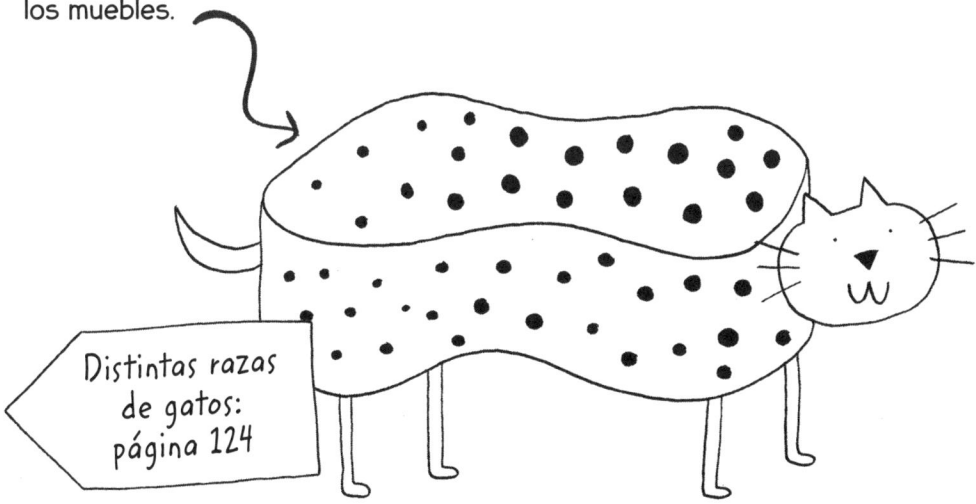

> Distintas razas de gatos: página 124

Deportes raros

El lanzamiento de aguacate es un deporte especialmente tonto practicado por los mexicanos. Cada año, la gente se reúne para ver quién puede lanzar más lejos un aguacate. El récord mundial está en seis kilómetros.

La barca tortilla es un deporte en que la gente hace barcas de tortilla de patata y ven hasta dónde pueden llegar en ellas sin hundirse. El récord está en California.

El calco de caballo es un deporte en el que se coloca una hoja grande de papel tras un caballo y uno trata de copiarlo. Es un deporte idiota y nadie debería jugar a él, pero tiene muchos seguidores en España.

Dar chipolatazos a chihuahuas en la cabeza es una variedad del salchichismo canino. Miles de personas siguen estos eventos a larga distancia por unos prismáticos, porque tienen miedo de acercarse mucho.

Máquinas de Espiralidosa: página 190

Las carreras de queso son una actividad muy tonta en donde la gente hace rodar quesos cuesta abajo y luego corren detrás de ellos. No estoy seguro de si el ganador es el que atrapa su queso, o el que deja atrás al queso.

El *kaninhop* se ha desarrollado en Suecia. Allí enseñan a los conejos a saltar pequeños obstáculos. Es encantador. Busca los vídeos en internet.
Te garantizo que no verás otra cosa el resto del día.

El caqueo es un poco como el toreo, pero con una persona disfrazada que se queda en el medio de la arena mientras la gente le tira caquitas. A menudo emplean el lanzador hidráulico de conejillos de Indias para lanzar las caquitas con más potencia. Puedes comprar estas máquinas en Espiralidosa.

Perros mediomedio: página 96

Salchichismo canino: página 100

Cosas que han destrozado las mascotas

En una ocasión, yo tenía en el maletero del coche una camisa y unos pantalones. **Mi perro hizo caca** en ellos. No volví a ponerme ni la camisa ni los pantalones. Yo no tengo muchas normas en mi vida, pero entre las pocas que tengo está esta: si algo ha tenido caca, tíralo. Aunque haya pasado por la lavadora y parezca limpio, siempre será **la camisa de la caca.**

En otra ocasión, yo estaba en el colegio y pregunté a algunos niños qué era lo peor que habían hecho nunca sus mascotas. Uno dijo que **su perro le comió sus calzoncillos** favoritos. Yo le pregunté: «¿Tienes calzoncillos favoritos?». Él dijo: «No. Mi perro se los comió».

Todos los perros descienden de los lobos: página 106

El labrador: página 83

Perros mediomedio: página 96

Gatos contra perros

Les he preguntado a miles de niños: «¿Qué es mejor, un perro o un gato?». Parece que a casi todo el mundo, o bien le gustan los perros, o bien le gustan los gatos. ¿Y cuáles son las **diferencias**?

Si no le das de comer a un perro, te seguirá a todas partes diciéndote que te quiere. Si no le das de comer a un gato, se irá a otra parte.

Si le haces cosquillas en la barriga a un perro, le encantará. Si lo intentas con un gato, sucederán cosas horribles.

Los perros pueden desempeñar un **oficio.** Los gatos o no pueden, o no les da la gana.

Pero supongo que nada de esto tiene ninguna importancia. Si te gustan los gatos, serán tus favoritos. Y si te gustan los perros, pensarás que son mejores.

> Cosquillas en la barriga: página 79

> Ataques de gatos: ¿por qué tienes esos arañazos en la cara?: página 156

> Mascotas que pueden desempeñar un oficio: página 172

> Organigrama para elegir mascota: página 18

Teoría de la Conspiración Hamsteriana

Como estoy seguro de que ya sabes, los hámsteres son famosos por **no** vivir mucho tiempo. Cuando hablo con niños, sin embargo, siempre me hablan de hámsteres que han vivido cinco e incluso seis años. ¿Cómo es posible?, me pregunto. Esos hámsteres, ¿tendrán el pelo blanco?, ¿llevarán gafas y bastón?

> Esperanza de vida de los hámsteres: página 144

Solo hay **una explicación,** que yo sepa, y es... ¡la Teoría de la Conspiración Hamsteriana!

Imagina que tienes tres años. Tienes un hámster. Vive en una jaula que está puesta encima de la lavadora. Es marrón con puntos blancos, y tú lo adoras. Seguramente se llama Puntitos.

Una mañana, tu madre nota que el hámster está más **quieto** de lo normal. No está dando vueltas en su rueda. Está **muerto.** ¿Qué va a hacer? No puede decirte que el hámster está muerto, porque tú no tienes más que **tres años.** Tendrá que disimular.

Ese día tú te vas a la guardería y, mientras juegas con arena e intentas manchar a otros niños en la cara con tus **dedos llenos de yogur,** tu madre va a la tienda de animales y compra un hámster que es clavadito a Puntitos. Cuando tú llegas a casa de la guardería, miras la jaula de tu hámster y dices...

> TÚ: Le noto algo raro al hámster.
> MAMÁ: Yo no le veo nada raro.
> TÚ: Sí, los puntos le han crecido.
> MAMÁ: De eso nada. Es el mismo hámster.

Nombres geniales para todo tipo de mascotas: página 130

Y de ese modo, tú **aceptas** que el nuevo hámster es el mismo Puntitos que tenías antes, pero en realidad ¡es un **impostor!** Usando este método, tu madre puede reemplazar el hámster tres o cuatro veces y hacerte creer que el tuyo ha cumplido siete años o más. ¡Se trata de una conspiración, y hay que hacer algo al respecto!

Mascotas imaginarias

Una mascota imaginaria es la que **te has inventado** y solo está en tu cabeza. Las mascotas imaginarias posibles pueden ser perros, gatos, pececitos de colores... La **ventaja** de las mascotas imaginarias posibles es que la gente te creerá cuando les digas que tienes un perro, y luego les parecerá muy gracioso cuando les digas que es imaginario. Las mascotas imaginarias imposibles incluyen unicornios, dragones, dinosaurios, pájaros calabaza tremblipinquerinos, yetis, sirenas, vampiros, abominables hombres de las nieves, dodós o cualquier otro que seas capaz de imaginar.

> Mascotas imaginarias posibles: página 226

> Mascotas imaginarias imposibles: página 227

Cualquier **juego** que puedas jugar con una mascota real, lo puedes jugar con una imaginaria. Pero puede que tengas que trabajar el doble. Por ejemplo, lanzarle un palo a un unicornio mola, pero luego tendrás que ir a recogerlo tú mismo.

Yo jugué una vez al juego de las veinte preguntas **con mi dinosaurio,** y lo hizo muy bien. Era capaz de adivinar mi personaje famoso casi de inmediato. Era como si el dinosaurio estuviera dentro de mi cabeza.

Veterinarios

Los veterinarios son estupendos. En cuanto tengas una mascota, busca un veterinario y pídele que **registre** a tu animal. Si tu mascota está enferma o necesita una revisión, tienes que acudir a una de esas **maravillosas** personas. Lo más sorprendente de los veterinarios es que averiguan qué le pasa a la mascota sin hacerle ninguna pregunta. Sería mucho más fácil si tu mascota pudiera hablar...

> Mi perro tiene gusanos: página 64

> Cuento de James para mascotas malitas: página 120

> ¡Tengo un dolor horrible en el hombro!

> El veterinario es un médico de animales. De todo tipo de animales, ya sean mascotas o animales de granja.

> Mi mascota está mala: página 68

Mascotas imaginarias posibles

Una mascota imaginaria posible es una versión imaginaria de una mascota real. Y tiene ciertas **ventajas:** nadie es alérgico a un gato imaginario.

> Alergias a mascotas: página 192

Los hámsteres imaginarios **no** hacen girar su rueda en medio de la noche, despertando a todo el mundo. Los peces de colores imaginarios pueden vivir en un acuario imaginario del tamaño de la **habitación,** lleno de naves espaciales hundidas y de misteriosos castillos submarinos. Aún mejor: tú mismo te puedes sumergir en el acuario imaginario y nadar con los peces como si fueras una **sirena.**

Un **poni imaginario** no solo te lo puedes llevar al colegio, sino que puedes ir montado en él por los mismísimos pasillos, entrar así en el aula y luego dejarlo atado a la silla del profesor.

Mascotas imaginarias imposibles

Hay quien piensa: «Ya que voy a tener una mascota imaginaria, ¿para qué voy a elegir una versión de una mascota que podría tener cualquiera? Ya puestos, ¡es mucho mejor tener una mascota que no solo sea imaginaria, sino además **imposible!**».

He hablado en un colegio con toda una clase llena de niños sobre sus mascotas imaginarias, y ha resultado que siete de ellos son orgullosos propietarios de **unicornios arcoíris**. Aquí, sin embargo, tienes algunas mascotas **más raras**.

Lémures de Valladolid

Son unos seres de grandes ojos y aspecto de mono que viven en las **montañas** de Valladolid. Les gusta comer los **pinchos** que dan en los bares.

Dragones de Sudamérica

Enormes bestias que **lanzarán fuego** a cualquiera que no te caiga bien, ¡pero que además necesitan comer dos mil aguacates al día! Y, sin querer, se podrían comer el chihuahua de los vecinos.

Cosas que proceden de Sudamérica: página 114

Tiburones postal

Son enormes tiburones en los que puedes sentarte. No solo puedes navegar con ellos dentro o fuera del agua, sino que, si les pones una dirección, te llevarán a ella, ¡aunque esté en la otra punta del mundo!

Hámsteres mágicos

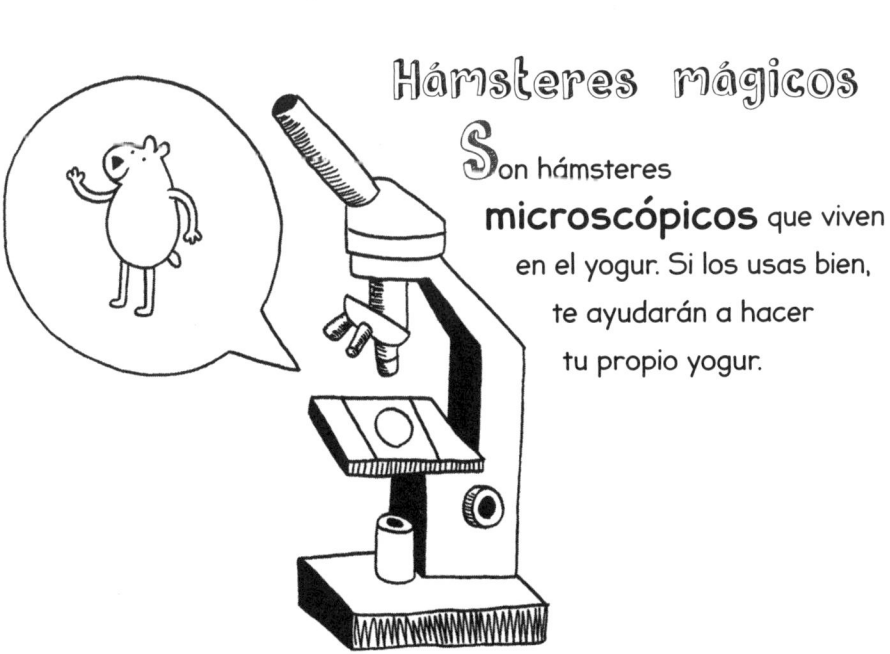

Son hámsteres **microscópicos** que viven en el yogur. Si los usas bien, te ayudarán a hacer tu propio yogur.

¡Adiós, mascota!

No importa qué clase de mascota tengas, al final se irá **al otro barrio.** Hay muchos motivos por los que despedirse de una mascota, y siempre es duro. Aquí tienes algunas de las maneras en que puede terminar la relación con tu mascota. A partir de aquí, voy a hacer lo que pueda por ayudarte con lo que haya sucedido... o pueda suceder.

Comienzo: página 9

Cuando muere tu mascota: página 233

En tu casa, alguien tiene alergia a tu mascota: página 235

Las circunstancias cambian y ya no puedes conservar tu mascota: página 234

Tu mascota se ha perdido: página 232

Cuánto viven las mascotas

El problema de las mascotas es que **nunca sabes** cuánto van a vivir. Eso es aún más difícil de calcular con las mascotas imaginarias, que viven mientras sigas creyendo en ellas.

	Un gato casero vivirá entre 12 y 18 años. Si el gato sale por ahí, lo más probable es que viva solo 4 o 5 años, porque es más fácil que pille una enfermedad si corre por la calle y se mete en los cubos de basura.
	La vida de un perro depende de la raza. Los perros más grandes solo viven 6 o 7 años, pero los pequeños pueden vivir unos 14 años, que para un perro es ser muy anciano.
	La mascota de vida más larga que puedes tener es una tortuga gigante. Viven unos 150 años, así que piénsatelo bien antes.
	Los caballos pueden vivir 40 años. Que, bien mirado, es bastante.
	Los hámsteres son las mascotas que menos viven.
	Un conejillo de Indias viene a durar unos 8 años, que es más que un perro grande.

Tu mascota se ha perdido

Perder a tu mascota es una desgracia. **Terrible.** Tu animal estaba contigo hace un momento y luego, de repente, ya no lo encuentras. Este es uno de esos momentos en que los **adultos** tienen que tomar cartas en el asunto, pero ¿qué puedes hacer tú para ayudar?

Lo primero es hacer un **cartel**. Después lo cuelgas donde esté permitido, cerca de tu casa, y esperas a que alguien lo encuentre y te llame. O bien a que tu mascota vea el cartel y te llame.

Los gatos a veces se quedan **encerrados** en algún sitio, así que podrías buscar por tu zona, pidiendo a la gente que mire en **armarios** y **cobertizos.** Me apuesto un millón de euros a que tu mascota aparece, pero si no lo hace, al final tendrás que aceptar que no volverá...

Cuando muere tu mascota: página 233

Cuando muere tu mascota

Tu mascota ha muerto. O puede que no. Tal vez solo has llegado a esta página por accidente o pensaste seguir la señal que llevaba a esta página, a ver qué pasaba.

Espero que tu mascota no haya muerto, porque, cuando eso pasa, es **horrible**. No hay solución. Siempre será **muy triste**. El caso es que las mascotas no viven mucho.

Cuando tu mascota muera, lo pasarás **fatal** durante unos días. Deja que los adultos se hagan cargo y te ayuden a pasar el mal trago. Tal vez quieras hacerle un **funeral** a tu mascota y que todo el mundo hable por orden para decir algo bonito de ella. Y decirle al espíritu de tu mascota que no está mal que haya muerto, porque podrá irse volando y disfrutar la siguiente etapa del viaje.

- Cuánto viven las mascotas: página 231
- Razas de hámsteres: página 139
- Un pececito de colores en el váter: página 158
- Tu mascota se ha perdido: página 232
- ¡Adiós, mascota!: página 230

Las circunstancias cambian y ya no puedes conservar tu mascota

Puede que vivierais en el campo, pero ahora os mudáis a un apartamento en la ciudad. **¿Dónde** vais a poner el hipopótamo? ¿En el cuarto de baño? O puede que tus padres se estén divorciando y vayan a vivir a casas separadas.

Pueden ocurrir un montón de cosas que te impidan seguir teniendo a tu mascota. Lo mejor es asegurarse de que va a estar **bien.** Las mascotas necesitan vivir en un lugar adecuado y con gente que las quiera. Tú podrías **comprometerte** a hacerte cargo del animal y decir: «Yo sacaré a pasear al perro, limpiaré al gato, daré de comer al pez y limpiaré la jaula del hámster».

Eso podría ayudar a tomar una decisión. O no. Los adultos son raros. Pase lo que pase... **¡buena suerte!** Si no hay más remedio, siempre podrás tener una mascota imaginaria.

> Complicaciones de tener animales en el cuarto de baño: página 56

> Mascotas imaginarias: página 224

> ¡Adiós, mascota!: página 230

En tu casa, alguien tiene alergia a tu mascota

Imagínate esto: en tu familia tenéis un perro salchicha. Todo va bien hasta que empezáis a notar que tu padre se siente fatal. Estornuda y resuella y se pone gruñón por estar así. Entonces tu padre averigua que ¡tiene alergia a los perros!

¿Qué podéis hacer?

Si no hacéis nada, tu padre estará **cada vez peor.**

Creo que lo mejor es encontrar un amigo o un pariente que viva cerca y **convencerlo** de que se quede con tu perro. Si lo conseguís, los que no sois alérgicos al perro podréis ir a visitarlo, y tu padre podrá **volver a respirar.** Y después, claro, tenéis que encontrar una mascota a la que nadie de la familia sea alérgico. En ese aspecto, los peces son de fiar.

Alergia a las mascotas: página 192

El perro salchicha: página 78

Nombres geniales para todo tipo de mascotas: página 130

¡Adiós, mascota!: página 230

Mascotas que no aparecen mucho en este libro

Este libro no habla de todas las mascotas que hay. Si lo hiciera, pesaría demasiado. Aquí hay algunas de las mascotas de las que no se habla mucho en este libro...

Los **pollitos** son mascotas estupendas si tienes un jardín. Un día escribiré un libro que se titule *La divertida vida del fin del mundo*. En él hablaré de los pollitos como se merecen.

Las **tortugas** son increíbles, y deberías buscar en internet compilaciones de momentos divertidos con ellas para reírte un rato. Además, ¿has oído hablar de tortugas marinas luminosas? Búscalas *online*... ¡de verdad que **brillan** en la oscuridad!

Los **gusanos** pueden vivir en una caja en tu cobertizo, y puedes darles de comer tus sobras, que ellos convertirán en compost. También hablaré con más profundidad de esto en *La divertida vida del fin del mundo*.

Los **cerdos hormigueros** ni siquiera son mascotas. Son animales **salvajes.** Un día escribiré un libro que se llame algo así como *La divertida vida de los animales salvajes.* En él hablaré profusamente de los cerdos hormigueros.

Los **conejos** tampoco aparecen mucho en este libro. Y, sin embargo, muchos los tienen de mascota. Según internet, solo en el Reino Unido hay más de **1 200 000** conejos como mascota. Así que calculo que 1 200 000 británicos tienen un conejo como mascota. O tal vez haya 600 000 británicos, cada uno con un par de conejos como mascota. ¡O un solo británico con 1 200 000!

¡**L**os conejos también pueden ser muy divertidos! Echa un vistazo a alguna de las compilaciones de vídeos de conejos en YouTube.

Consecuencias medioambientales de tener mascota

En el mundo utilizamos un montón de **petróleo** para los coches, para la calefacción o para convertirlo en electricidad. Hasta lo usamos en cosas como bolsas y envoltorios. Los científicos calculan que nos habremos quedado sin petróleo cuando lleguemos al **2050**. ¿Hay mascotas mejores o peores para el medio ambiente?

Por lo visto, un perro grande como un labraniche tiene el mismo impacto medioambiental que un coche grande como el Range Rover. Eso es por toda la carne que comen. Los animales necesitan mucha tierra para desarrollarse y, lo que es aún más importante, nosotros necesitamos mucha más tierra para cultivar arroz y grano que darles de comer.

Hay muchos libros que te pueden ayudar a saber cómo vivir de manera **más consciente** y **cuidadosa** con el medio ambiente. Pero si vas a elegir una mascota, y quieres ser lo más ecológico posible, entonces date cuenta de que, cuanta más carne coma, peor para el planeta.

Cosas que no deberían estar en este libro

Este libro está lleno de cosas que no tienen nada que ver con mascotas y que no deberían estar en él...

Susan Laura de Pico y Pala montó desnuda en una bicicleta por las calles de Segovia en 1974. Si lo hubiera hecho sobre un poni o incluso un gran danés, vale, pero no fue así.

Cosas ilegales que aún no puedes hacer sobre un caballo: página 110

El Real Madrid es un equipo que no está nada mal, se merecen estar en cualquier libro sobre fútbol, ¡pero no sobre mascotas!

Shakespeare, Séspir para los amigos, no se llamaba Séspir porque lanzara muchos sespiros. Por si te lo preguntas al ver el dibujo, tampoco jugaba al rugby. Pues bien, esta tontería no solo no debería estar en un libro sobre mascotas, sino en ningún libro de ningún tipo.

La última página del libro

Esta es **la última** página del libro. Enhorabuena por encontrarla. El **premio** es ver una imagen de un **hámster desnudo**.

¿Qué tal si regresas a la primera página y vuelves a empezar? Podrías haberte saltado algo tremendamente **importante**.

Comienzo: página 9